産まないことは「逃げ」ですか？

吉田潮
Ushio Yoshida

KKベストセラーズ

はじめに

「え？　結婚しているのにどうして働くの？」

20年前、仕事の関係で付き合いのある、広告代理店の男性から言われた言葉だ。彼は私が結婚していることを知って驚き、ごく素直にこの言葉が口から出たようだ。たぶん彼の中には、

「結婚したら女性は仕事をやめて家庭に入るもの」

が常識であり、正義だったのだ。当時、私はポカンとした。傷ついたとか、セクハラだと思ったわけではない。

「君はなんで呼吸してるの？」

と聞かれたようなもので、ちょっと意味がわからなかったのだ。間をおいて、

「お金のためです」

と答えたと記憶している。

自分の常識や正義は、必ずしも他人のそれとは限らない。結婚して子供を産むことが当たり前だと思っている人からすれば、独身の人や子供を産まない人に、

「なぜ結婚しないのか」

「なぜ子供を産まないのか」

と問いたくなるのだろう。決して悪意や嫉妬から発する言葉ではないとわかっていても、ちょっとだけモヤッとする。実は、無意識や善意のほうが厄介《やっかい》だと思い知らされる……。


この本は、そういう無意識や善意にモヤッとしながらも、実際に自分はどうしたいのか、模索中の人に読んでもらえたら嬉《うれ》しいです。


あ、言っておくけど、答えはないし、正解もないよ。こんな女もいるんだな、世の中にはいろいろな人がいるんだな、くらいに思ってください。そんでもって、

「本当は子供を産みたいと思っていない」

「正直、私の人生にはいらないが、それを口に出しづらい」

という人にも読んでほしいです。言葉にしづらい、公言しにくい根源はどこにあるのかを考えるきっかけにしてもらえたら。私は公言します。子供はいらない、と。


そして、家族との距離感についても書いています。親子関係がものすごくうるさくて、ありえないほど近い昨今、一度立ち止まって数歩離れて考える、というのもひとつの手です。

わが家族はユニットとしては非常にゆるくて、それぞれがほどよい距離を置いている感

じです。愛がないわけではなく、仲が悪いわけでもありません。依存もなければ溺愛もなく、淡々と個体が不定期に集合するようなユニットなのです。それくらいのほうがラクだし、楽しいよ。

家族礼賛主義や家族の絆《きずな》にウンザリしている人は、この本を読んで、ちょっとだけホッとしてください。ちょっとだけだけど。

「ああ、そうか、そこまで家族に縛《しば》られる必要はないんだな」

と思えるようになるはず。なってほしい。なってください。

まあ、そんなにすごいことは書いていないです。実生活に役に立つ情報もなければ、目からウロコの人生哲学みたいなものもない。

働く女の味方でもなければ、悩んでいる女性の代弁者でもない。何かこう、波乱万丈のスペシャル破天荒な人生を送ってきたわけでもないのですが、ただひとつ、

「主語は自分で生きてます」

というだけ。親でもなく、夫でもなく、世間でもなく、私は私。主語が自分だと、こんなにラクなのかと思うし、そこに気づくと3倍くらい楽しいです。3倍って微妙だけど。

目次

カバー・本文イラスト　安彦麻理絵
編集協力　須田奈津妃

第1章

母性より個性

親になれずに一生子供のままなんだなぁ

「ああ、私は一生、子供のままなんだなぁ」

別に、精神的な若さや幼さを売りにして、成熟を否定しているわけではない。単純に子供がいないから「親」という生物学的な肩書を名乗れない。だから、一生子供のままという意味だ。親の立場、親の気持ちがわからないし、子育ての苦労や楽しみも体験できない。

でも、そこに引け目を感じることはないと思っている。ライターという職業柄、体験したことを原稿に書く仕事が多い。体験していないからこそ書けることだってある。当事者の強みもあれば、第三者の強みもあるわけで。実際、妊娠や出産の記事を書くこともあったし、子供の性教育の本にかかわることもある。もし、自分が体験したことしか語れない世の中だとしたら、とても窮屈。自分の言葉で自分の思いを語ればいいと思う。子供がいようがいまいが、専門知識がある人は広くあまねく伝えてほしい。

実際、子供がいなくても子供にかかわる仕事をしている人もたくさんいる。私が取材で出会った人は、「僕は子供がいないけれど、子供にかかわる仕事ができて、ありがたいなぁと思っているんです」と言っていた。子供が世界の宝であることは間違いない。自分の子でなく、すべての子供に目を向ける。それでいいじゃないかと。

そんな綺麗ごとはさておき、実際はどうか。

「子供がいない人にはわからないわよ」

「子供を産んで育てて一人前」

と言われたことがある人もいるかもしれない。いかにも前近代的なクソババアが言いそうなセリフだ。テレビドラマではスパイスのように使われている「母親マウンティング」である。独身や子なしの女に、上から目線で乗っかってくるヤツね。

私自身はそんなことを言われた経験はない（あっても忘れているのかもしれないが）。わかりやすい母親マウンティングに対して、世間は今、非常にセンシティブだ。むしろ子供がいない人がいる時は、子供や子育てに関する話をしないように気遣《づか》ってくれることのほうが多い気がする。特に不妊治療を受けていた人に対しては、あえて話題を逸《そ》らしてくれることもある。個人的には、そこまで避けなくてもいいのになぁと思うが、不妊で悩み苦しんで、ピリピリした空気を醸《かも》し出してしまう人の気持ちも痛いほどわかる。

昔に比べたらまだマシ。昔といっても私が生まれる前の超昔の話だが、子供を産めない女は「石女」と烙印《らくいん》を押される時代があったのだから。石女と書いて、うまずめ。ひどい言葉だ。そんな時代じゃなくてよかったと心の底から思う。思うのだが、政治家（特に自民党）の女性に対する暴言が頻繁に繰り返されるので、根本は変わっていないのだろう。

子供のいない人が、自分を卑下しなくていい世の中になりますよう。家族構成や属性で優劣をつけない世の中になりますよう。まずは自分の中の引け目をなくすことだ。

母性のホントの正体は昭和の刷り込み・負の遺産

人様が抱くイメージは面白いなぁと思う。ライターなどというヤクザな稼業で、酒もタバコも過剰にたしなみ、夜明けのオカマ声でイレギュラーなサイズのボディ(身長176センチ・体重74キロ)をもつ私。世間が抱く「母性」とはなかなかに縁遠いと思われがちだ。なぜか結婚していると思われないし、私が書いた原稿を読んで、「てっきり男だと思っていた」という人も実に多い。なぜかしら。最近は意図的に「オンナ言葉」を入れて、文章の女コスプレをしているというのに。心外だわ。

でも、数人の友達から言われたことがある。「潮が子供を小脇に抱えている姿は似合うと思う」と。ベビーカーじゃなくて小脇に抱えるってのがポイントなんだけど。長くてたくましい二の腕で、赤子をがっちり抱きかかえてあやすお母さん像をイメージしてくれる人もいたのだ。イメージって人それぞれなんだなぁと思った。

以前、子供を産んだ女友達の家へ遊びに行った時のこと。彼女が赤ちゃんを抱っこしている姿よりも、彼女の夫が赤ちゃんを抱っこしている姿のほうがしっくりきた。男のほうが実は子育てに向いているんじゃないかとも思った。同時に、私自身が「赤ちゃん＝母と一緒」という勝手なイメージを押しつけていたのだと気づいた。母性ってものすごく勝手なイメージの刷《す》り込みなんだよね。もうそれ自体が昭和。昭和の負の遺産なのだ。

しかし、母性ってなんだろう。優しくて温かくて穏やかでやわらかくて、みたいなものなのか。じゃあ、逆の父性ってなんだろう。強くて頼りがいがあってどっしり構えて、みたいなものなのか。まあ、これは私の勝手なイメージで綴《つづ》っただけであって、そんなものはなくてもいいし、どうでもいい。母性が感じられなくても父性が存在しなくても、まっとうに子育てしている人はたくさんいるから。

たぶん、私たちは常にこのイメージに適合するよう、外れないよう、無意識のうちに母性コスプレを強要されているのだ。そこに違和感や息苦しさを覚えていても、理想の母性像を演じている。もうね、常に女優なのよ。顔はぶたないで。

もっと言うと、いまだに性別の役割に縛られている人も多い。男は「稼ぎと男気」、女は「家事能力と癒し力」。いやいや。競争が苦手で金を稼ぐことに重きをおきたくない男もたくさんいるし、致命的に家事ができない女もたくさんいる。得手不得手があるのだから、得意なほうがやればいいだけなのに、みんな「こうあるべき」に近づこうと頑張ってしまう。疲れるよね。男も女も。

イメージプレイはそろそろやめて、適性を活《い》かした役割分担にしたほうがいい。最近、洗濯洗剤や台所洗剤のテレビCMは男性芸能人が出演することが断然多くなった。CMの世界では実に多くの男が家事をしている。実際は、女が使うものだから女を釣るために男を起用しているのだろうけれど、意識は変わりつつあると思いたい。

「子供が苦手」と口にしづらい女たち

女子児童が将来なりたい職業ランキングに、保育士や幼稚園教諭が毎年あがっていることに愕然《がくぜん》とする。大前提に「子供が好き」でないと務まらない職業だ。みんなそんなに子供が好きなのか。子供のくせに子供にかかわりたいって、どういう意味よ？　子供が苦手な私はそこで口をつぐむ。これらの職業になりたいと思ったことが、人生で一度も、ない。

このデータ、いろいろなところが集計しているようだが、ひとつ思うことがある。そもそも年端《としは》のいかぬ女子児童が「自分の短い人生で接したことがある大人」となると、保育士や幼稚園教諭、医師や看護師であるのは当たり前だ。女子は自分の半径5メートル以内を世界のすべてとする結果、身近なサンプルがあがりやすくなる。だから「子供が好き」とはちょっと違うのかもしれない。面白いのは、男子児童。スター性のあるスポーツ系か、大好きな電車や車にかかわる仕事をあげている。視野は広いが、ちょっと夢見がち。保育士や幼稚園教諭はあがってこない。

でも、「女は子供が好きであるべきだ」という呪縛は強い。男と異なり、「産む性」であることはわかるけれど、だからといってすべての女が子供好きと思われたら、正直キツイ。それ、キツイわ〜、無理だわ〜と思っている女も実はたくさんいるはずだ。

たくさんいるのだけれど、声にしづらいのが実情。子供嫌いを公言できる人はほとんどいないし、「子供が苦手」「好きじゃない」と、やんわり濁したとしても言いにくい。卒業式で泣かないと冷たい人と言われそうどころではない。子供が嫌いと言ったら、人間性まで否定されかねない。たぶん子供が苦手な人はそういう話題になった時に笑顔を保ちつつ、スーッとフェイドアウトしてやり過ごしているんだろうな。

でも、子供が苦手だからといって目の敵《かたき》にしているわけではない。電車の中で赤子がギャン泣きしていたら、めちゃくちゃ変顔して近づいたら泣きやんでくれるかな、などと考えたりもするし、腹減ってんのかな、ストレスたまって一杯ひっかけたい気分なのかな、と妄想でやり過ごすことも多い。妄想すると、ちょっと楽しいんだよ、これが。

「母乳、クッソまずいよね。考えてみたら血液だし。おれたちゲテモノ食いだよね」

とか、赤子にアテレコしてみると、ギャン泣きが不思議と面白いものになる。

小学生ぐらいの子供たちが遊ぶ声も気にならない。以前、江東区の小学校の真ん前に住んでいたのだが、子供たちの声がうるさいと思ったことは一度もなかった。むしろ子供の声が響いてきたら、「もう夕方になっちゃった」と時計代わりに利用していた。子供が苦手=子供に優しくない、ではないと思う。苦手は決して拒否ではないのである。

でも、これは母になった人でも同じこと。子供が苦手なお母さんも星の数ほどいる。それでも子育てをこなしている。好きか嫌いかで言えば断然嫌いだけれど、決して愛がないわけじゃないのだ。そして、その子供も案外すくすくと育っていくよね。

「子供が好き」と口にしづらい男たち

逆に男は「子供好き」を公言しにくくなっている。ただ単に子供が好きなだけなのに、性的対象として子供に近づく「ロリコン変態扱い」されるから。ファンタジーをもっているるだけで、他人に迷惑をかけたり、子供の人権を奪うようなことをしなければなんの問題もない。ところが実際には、ロリコン変態の犯罪が異様に多い。去勢してほしい。駆逐《くちく》してほしい。マジで。

でも、中には本当に子供が好きな男性もいると思う。知人男性が子供を通わせている幼稚園の話を聞いたことがある。その園はイベントなどを行うときに、職員や教員のほかにボランティアスタッフも加わることが多いそう。その中にひとり、20代の男性A君がいて、子供たちからも大人気だった。A君は子供たちと同じように無邪気に真剣に遊ぶのが得意で、保護者たちもありがたいなと思っていたそう。たぶん、幼稚園の先生たちも人手が足りない時に手伝ってくれるA君に相当助けられていたんじゃないかと。

ところが、ある時、園児の中でも特に顔が可愛い女の子に対して、「A君が執拗《しつよう》な目線を送っていた」という声が保護者の中であがったという。その感覚はうっすらと保護者たちの間でも広がっていたようで、ツルの一声が瞬く間に広がり、共通見解として固まっていった。「A君、ちょっと気持ちが悪い」と。

親御さんの気持ちはわからないでもない。ただでさえ気色悪いロリコン変態犯罪が多発している昨今、自分の子供を守りたいと思うのは当たり前だ。でも、A君は全力で子供と遊んでくれて、しかも無給のボランティアスタッフで、何か事件や問題を起こしたわけでもない。それでも「子供好きな男＝ロリコン変態」という思い込みが、保護者たちの間に根っこを深く這わせてしまったのだという。今のところA君が拒否されたり、追放はされていないようだが、親としては複雑な気持ちなのだとか。

ホント、子供嫌いな女と子供好きな男は受難の時代だ。

無意識のうちに「子供好き」を課されてしまう女は、擬態せざるをえない。いや、ホントはしなくてもいいんだけど、擬態したほうが生きやすいコミュニティもある。周囲に誤解されたり警戒されるくらいなら、擬態したほうがラクだ。

子供好きが公言できない男は、どっしり構えて父親コスプレをする。うんこちんちんと叫んで遊んでいる子供たちと本当は精神年齢が同じくらいなのだが、ぐっと我慢して、冷静沈着を装う。そうか、親ってある種のプレイなんだな。

そして親という肩書を手に入れられなかった私は、親プレイを観客として眺めている。やじは飛ばさない。余計な口もはさまない。でもそっと見守る。拍手喝采もする。時々、友達の子供と接して、生き物が完成する過程と細胞分裂のスピードを目《ま》の当たりにさせてもらう。ご都合主義だけれど、その程度のお付き合いで楽しませてもらっている。

母性より個性。そう思うとラク

私の中の「子供が苦手」の根っこを辿《たど》ってみる。ひとつは単純に「子供と接する機会が少なかった」から。親類縁者とあまり近しい関係がなかったし、自分が最年少の子供という状況が続いて、気づいたらすっかり大人になっていた。なんだかんだでいつも子供まみれになっている家系もあれば、我が家のように子供と無縁の家系もある。物理的な問題ね。

そしてもうひとつは、「子供は怖い」と思っているからだ。20代の頃、友人の子供（5歳くらいの女の子）と接したことがある。あれは確か高校の同級生の結婚パーティーだった。私は必死に小麦粘土でいろいろなものを作って、彼女の気を引こうとした。ところが、彼女は一瞬たりとも私になつかなかった。子供が苦手なくせに「子供に好かれたい」という私のいやらしい思惑を瞬時に見抜いたのかもしれない。

このとき、なぜ子供に好かれようと振る舞ったのか。「子供に好かれる人＝いい人、善人」

という妄想に汚染されていたのだ。女特有の「母性備わってますよアピール」もしたかったのだろう。単純に、自分の生きざまに自信がなかったのだと思う。

　実は、この女の子がその後とった行動が、非常にショックなものだった。その場には、

子供が苦手で一切かかわろうとしない女友達Bがいた。子供に近づこうともしない、愛想よく幼児言葉で話しかけもしない。酒を飲んで、小麦粘土まみれの私を遠目に眺めるだけ。
　私からすーっと離れていった女の子は、Bに近づいていき、そっと手を握ったのである。話すわけでもなく、なつくわけでもなかったが、きゅっとBの手を握ったのだ……。
　子供だからといってなめちゃいけない。つぶらな瞳で人間性をしっかり見ているのだと思った。自分のあざとさを反省した。母性アピールに必死な自分が情けなかった。
　女の子の母いわく、「Bが人の輪から外れて寂しそうに見えたから、手を握りにいったんじゃないか

な。潮が嫌いなわけじゃないと思うよ」。フォローしてくれたのだが、いやいや、これは完全に見抜かれたのよ。原始的な観察眼をもつ子供が本当に怖くなった事件である。

子供が苦手なことは今も変わりない。でも、ありもしない母性アピールはしなくなった。「子供が苦手」というのが自分の立派な個性になったからだと思う。もちろん近寄ってきたら全力で接待する。「お尻プリプリ星人〜」と尻を振りながら、子供を追いかけて喜ばせるくらいのスキルは身についた。

実は、私の母も子供が苦手だという。苦手ではなく、嫌いだと言い切った。言った本人は見事な老人力ですっかり忘れているのだが、私はしっかり覚えている。

子供が嫌いでも、ふたり産んで育てた母。母は母性ではなく、個性で私と姉を育ててくれたわけだ。子供がいる人もいない人も、個性で生きていけばいいと教えてくれた気もしている。

子供がいないのも、子供が苦手なのも個性。そう思うとラクだ、今もこれからも。

無関心ではなく不干渉の母

「孫の顔が見たい」という言葉は巷《ちまた》でよく聞く。私は言われたことがない。私の母は「勉強しろ」「仕事しろ」「結婚しろ」などと一切言わない人だった。おそらく、言われる前に私が自分からとっとと決めてきたからだ。そもそも、進学、就職、結婚、離婚は親が決めることじゃないし。「失敗しないように」口を出す親ではなく、「失敗してもあんたの人生、私には関係ない」というスタンスを貫いてくれた親だった。

あまりの無関心に、一抹の寂しさを感じないでもない。でも、母は無関心ではなく、不干渉なのだ。これは大きな差がある。今思うと、本当にありがたい。

逆に、自分のほうから「子孫繁栄できなくてすみません」と心にもない言葉で謝ったことがある。ある時期、60代以上の男性と話すことが多かった。彼らの口からは、子供の話ではなく孫の話が出てくる。おじさんたちは「子供は可愛くないけど孫は可愛い」と口を揃えて言う。なかには、

「孫ができて初めて、自分が生きている意味を知ったし、役割を果たしたと思った」

などと話す人もいた。へぇ。そんなもんですかねぇ。これは子育てを妻に任せっぱなしで、子供をもつ実感を持てなかった人の言い訳《わけ》だと心の中で思った。きっとこういう人が「孫の顔を見たい」と無神経に口走るんだろうなぁ。

周囲に、自分の人生を振り返り始めた懐古主義のおじさんがあまりに多かったので、私も親に「孫が欲しかった?」と聞いてみたのだ。母はさらっと答えた。

「孫なんて今さら面倒くさいわ。俳句でも孫のことを詠む人は多いんだけどね、孫俳句はベタベタに甘くなるから、格調が低くなるのよ。男性に多いのよね、『園児』とか『お昼寝』

とか詠んじゃう孫バカが」

母はここ十数年俳句をやっている。70～80代のグループにいて、初心者は孫を愛でる俳句を詠む人も多いのだとか。孫がいない母は、孫俳句を詠む人を蔑《さげす》み、鼻で笑っている。もちろん心の中で。でもうらやましいとか思わないの？

「ちっとも思わない。孫がいたことがないから、わからない」

母、かなり突き抜けている。もし孫がいて世話を頼まれてでもしたらマジ勘弁、という気持ちも全力で表れているではないか。

おそらく父も子供が苦手だ。もう認知症が進み、恍惚《こうこつ》とする時間が長くなってきたのだが、過去に子供だの孫だのの話をしたことはない。考えてみたら、私の親はどちらも不干渉の人だった。だから、「そろそろ孫の顔が見たい」という言葉は我が家の辞書にはない。

さて。自分の家がそんな具合だから、ほかの家の常識やスタンス、文化が珍妙に感じることもある（いや、珍妙なのは我が家なのだけれど）。子孫繁栄が当たり前の責務というご家庭では、女たちが結婚や出産を強いられる。女だけじゃないか、男もか。本人は仕事が楽しくて幸せで、充実した毎日を送っているのに、親族郎党からは「欠損感」や「不全感」を押しつけられるという。特に、自分の兄弟姉妹が子孫繁栄に成功した生活を送っていると、比べられてしまうのだとか。「誰かが繁栄してくれているんだったら別にいいじゃん」と思うんだけど。世の中には珍妙で無駄なプレッシャーが多すぎる。

滅私が美学、昭和の母親の真実

もう少し母の話をしよう。母は専業主婦で、わりと熱心に子育てをしてくれたほうだと思っている。誕生日にはいちごと生クリームのショートケーキをスポンジから手作りし、娘の洋服はミシンで縫って製作し、童話や絵本を買い与え、ピアノを習わせ、保護者会やPTAにも積極的に参加していた。私の記憶を手繰《たぐ》ってみると、母は当時の理想的な母親業をこなしてくれていた。ほら、昭和40年代の母親というか、理想の家庭って、どこもこういう感じだったでしょ？　戦後間もない頃の「子供なんかメシ食わせておけば育つ」みたいな感覚は廃《すた》れて、一億総中流家庭で情操教育に熱心になった時代ですわ。

こんな熱心な母の姿を見て育ったはずだが、私には結婚願望は芽生えなかった。「将来の夢はお嫁さん」という可愛らしいことも一度も言わなかった。人生で初めて接する、女のロールモデルは母なのに、私は母のようになりたいとは思わなかった。

なぜだろう。私たちのために一生懸命やってくれている母に、感謝こそはすれども、憧れはなかった。母が自分の人生を生きている感じがしなかったのかもしれない。

母の人生を否定するつもりは毛頭ない。母は母なりに、楽しくやっていたと思う。案外多趣味というか、さまざまな趣味に手を出して黙々とハマッている姿も覚えている。若い頃はバドミントンをやっていたし、突如パン作りに凝ったこともある。編み物は今もやっているし、一時期は木彫りにハマッて、鬼気迫る表情で黙々と板を彫り続けていたこともある。そういえば、籐の網かごやら革細工やら水彩画にも手を出していた。今は俳句だし。

たぶん私は母よりも先に、父に憧れていたのだと思う。父のようになりたかった。新聞記者として働き、取材と称してあちこちへ行き、家に帰ってこない日もあった。正直、相当自分勝手な人でもあったが、家は守った。稼ぎはちゃんともたらした。母と子供ふたりが不自由なく暮らせる生活を作ってくれた。私はそういう存在になりたかったのだと思う。

でも、そういう思いを築かせたのは、実は母のおかげである。母は決して父の悪口を言わなかった。父がどんなにひどいことをしても、バカなことをしても、母は悪く言わなかった。娘が父親を尊敬するように育ててくれたのだと、大人になってから気づいた。

昭和の母親たちは「滅私が美学」だなとつくづく思う。最近になって、丁寧な子育てへの感謝の意を伝えようとしたところ、実はそうでもないことが判明したので記しておく。

ケーキや洋服を作ったのはお金がなくて、手作りのほうが安いし、作るのが楽しかったからだそう。そして、ピアノは当時流行だったから。

「当時はそういうもんだと思っていたの。疑問やストレスはなかったわよ。かといって私には才能もないから、仕事に生きる人生でもなかったし。子育てが仕事だと思って、淡々とやっていただけよ」

保護者会やPTAはイヤイヤ行っていて、本当はママ友たちと話すのも苦痛だったんじゃないかと思っていたのだが……。

「あたし、PTAとか案外好きだったのよ。目立ちたがり屋だったのかもしれないわね。ただ母親同士のお付き合いで高価な鍋を買わされた時は、正直バカバカしいなと思ったけど。あまり使わないような、美々卯《みみう》の8000円もする雪平鍋《ゆきひら》を買わされたのよね。断ればよかったわ」

多種多様の趣味はストレス解消、パン作りはたまたま買ったオーブンに講習会がついてきたから。子供のために、というよりも、むしろ自分がやりたくてやってきた、あるいは偶然の産物……。これを聞いてホッとした。子供のためだけに無理をして、自分を殺して生きてきたわけじゃねーんだと。

夫はいらない、子供だけ欲しい女たち

最近、独身の女友達と飲んでいると、よく聞く文言がある。

「彼氏も夫もいらないけど、子供だけ欲し〜い」

ちょっと前までは、「いつかは欲しいが今じゃない」だったのに。男の価値、急落したな。

子供だけ欲しいとはどういう気持ちなのか、どんな深層心理なのか、私にはわからない。

シングルマザーで大変な思いをしている人も知っているので、とてもそんな気になれない。そもそも妊娠するかどうか、無事に出産できるかどうかすらわからないし、育てるところまで考えが及ぶはずもない。でも、そんなもんだ。妊娠・出産、そして子育ては、未知の世界なのだから。最初っからこういうものだとわかっている人なんて、いないよな。

そんな中、私の友人でさらに一歩進んでみた女がいる。彼女には長年大好きな男がいるのだが、アプローチはしていない。同じ職種で話も合うが、親友止まり。もはやソウルメイトだ。彼は非常にモテる男で、女に困ってはいないが、結婚願望もまったくない。一生独身を貫くと宣言しているそうだ。彼女は思い切って聞いてみた。

「結婚とか認知とかそういうのは一切いらないので、精子だけいただけませんか？」

と。子種だけ欲しいと懇願してみたのだ。彼には大爆笑されて、断られたという。よく言えば、度胸のある女。悪く言えば、デリカシーのない女。でも欲望の形がわかりやすくて、遠回りするよりはいい。断られたが、今でも仲よし、ソウルメイトのままだそうだ。

なぜ彼女は子供を欲しいと思ったのか。私と同じように、決して子供を好きなタイプではない。むしろ厳しい。傍若無人《ぼうじゃくぶじん》に走り回ってるガキには大きな舌打ちをする女だ。私が全方位外交で善人ヅラしている横で、彼女は「親が悪い！」と眉間にシワを寄せる。ある意味、まっとうな子供嫌いである。

彼女の場合、実家の苗字《みょうじ》を名乗るのは自分が最後になるという感覚があったようだ。年老いた親に孫の顔を見せてやりたい、などの思いもあったのかもしれない。ただし、真意をただせば、子供が欲しいのではなく、「彼の子供」が欲しかったのだと思う。

これ、私にも心当たりがある。心底惚れた相手の子供が欲しいと思ったことがあるからだ。吐露するならば、「惚れた相手をつなぎとめたい」のである。男をつなぎとめるボンドとして子供は最強じゃないかと思っていたのだろう。

でも、出産後は男の価値が大暴落するらしい。赤子の一挙手一投足に必死な女からすれば、なんの役にも立たない夫は「不要」なのだという。ドヤ顔でイクメン気取りされても、ツメが甘かったり、後始末が大変だったりして、結局は手間を増やすだけなのだとか。「夫、邪魔。ホントどっか行っててほしい」という声は結構な確率で聞いてきた。

この男の子供が欲しいというのは、ロマンティストのたわごとなんだね。

初めて聞いた「内孫・外孫」の概念

ある時、義母が「うちは外孫《そとまご》はいるけど、内孫《うちまご》がいないから」と言っていたらしい。義母の名誉のために言っておくが、別に、いびられたとか、責められたとか、そういうことではない。単純に「嫁いだ娘たちは子供を産んだが（外孫）、息子には子供がいない（内孫）」という現状を言っただけである。

恥ずかしながら、私はその時初めて知った。内孫・外孫という概念を。孫はみな一緒じゃないのか、内とか外があるんだ……。例のごとく、珍妙なスタンスと文化の家庭に育った私は、軽くショックを受けた。孫が6人いても、息子の子供、つまり直系がひとりもいないことを憂うのか。家を、というか、苗字を継ぐ人がいないことはそんなに由々しき問題なのか。これが、時代劇でよく見る「お家断絶の危機」ってやつか！

実際は、娘の子供のほうが親近感がわくんじゃないのかなと思ったりもする。息子の子供は他人腹、なんてよく聞くじゃないか。それでも娘は他家に嫁いだから「外孫」なわけだ。夫の実家は商売をやっている。そういうおうちでは、やはりまだまだそういう概念があるんだなぁと感心した。いや、感心している場合じゃなかったんだけどさ。

継承できずに申し訳ない、と思う気持ちもゼロではない。できないものはしょうがない。いろいろと手を尽くしてみたものの、できなかったのだから、胸を張るしかない。それよりも夫と幸せに生きることのほうが大切だ。そう思うようにしている。

私の実家のほうも、父はひとりっ子。姉は離婚して子供もいない。おお、お家断絶じゃないか。いずれ無縁墓になるので、姉は墓じまいも想定している。もうそういう段階に突入している。というのが、現在の私だ。

45歳にもなると、おそらく人生の折り返し地点は過ぎている。肉体的には更年期に突入する時期で、生理もなんだかグズグズし始めている。若い頃はとんでもない大量の出血と痛みが真夏の夜空に上がる花火のようにドカーンときたものだが、最近はショボイ。スタートがショボイのである。そして気がつくとドッと出血し、あっという間に終わるようになった。周期も乱れてきた。28日周期だったのが、24日周期だったり、20日周期になったり、と不安定になりつつある。

13歳で初潮を迎えたから、32年間子供を産むこともなく、無駄に出血してきたのかと思うと、自分の体に舌打ちしたい気分ではある。でも、すこぶる健康だ。何はともあれ健康で、飯がうまいし、生きている。そして、子供を産んでなくても、女である。死ぬまで女である。

30代の時は、女としての自分の欲望に折り合いをつけるのがうまくいかず、悩んだこともあった。迷走した時期もあった。都合の悪いことは忘れるタチなので、やや記憶がなくなりかけてはいるのだが、少しずつ掘り起こしていきたいと思う。

第2章

子供が欲しいという病

若くて青かった自分を振り返る

ひとつ、自慢がある。小学校6年生の時から日記をつけている。つまり、33年間。ところが読み返してみると、我ながら何を書いているのかわからないこともある。20代は仕事に明け暮れ、あさはかさが満タンの内容である。そして、自分にしかわからないような暗号と仮名ですべてを書いていた。今、読んでみると、実はさっぱりわからないのである。24歳で結婚し、当時は前の夫と暮らしていたのだが、しばらく後ろめたい生活を送っていたからである。夜の課外活動である。青かった自分が別人に思えるよ、今となっては。

離婚後の30代前半は、本当にエネルギー値が高かった。フリーランスになって、毎日のように取材で飛び回り、毎晩のように近所の飲み屋やBARでクダを巻いていた。男も漁《あさ》っていたし、男日照りはほとんどなかった。モテたわけではない。しれっと待っていても誰も来てくれないから、常に自分から動いて仕掛けていた。いかにして稼ぐか、いかにして遊ぶか、そしていかにして快楽を得るか。そんなことばかり考えている日々だった。無駄にエネルギーが有り余っていたんだなぁ。

離婚して、再び結婚したいと思っていたかというと、そうでもない。婚姻関係にはあまり興味がなかったようだ。ただし、同棲がしたかった。惚れた男とともに生活がしたかった。33歳の時に知り合った、今の夫（当時40歳）と、何がなんでも一緒に住みたかった。

ところが、なかなかに不確定な関係が続いた。付き合っているが、結婚を約束したわけでもない。週に5日、我が家に泊まりに来るが、一緒に住もうとはしない。付き合っているのだからいいじゃないか、と思うのだが、当時の私は何か「実質的な確証」が欲しかったのだと思う。

「なぜこの男は煮え切らず、あと一歩を踏み込まないのだろうか」

「身を固めたくないのだろうか。責任をとりたくないのだろうか」

「私と一緒の人生を歩きたくないのだろうか」

「それとも、ほかに女がいるのだろうか」

疑心暗鬼は自分の中で勝手にふくらむものだ。安心できる証《あかし》のようなものが欲しかった。それが私の場合、同棲だった。結婚じゃないというところがひねくれているのだけれど、戸籍上はどうでもよくて、ともに暮らす共存共生の関係が欲しかったのである。

相手が煮え切らないで悶々《もんもん》とする女性は多いと思う。押し切ったら押し切ったで、嫌われてしまうのではないかという不安。静観して相手の気持ちが熟すのを待つほどの菩薩の心はない。そして気長に待つほど自分は若くない。

当時の知人で「結婚して10年、そろそろ子供が欲しいんだよね」と言っている高収入の女性がいた。心の底からうらやましいと思った。いろいろな過程を経て、婚姻関係を結び、子供を考えるステップまで進んでいる彼女が妬《ねた》ましかった。人生ゲームみたいな感じね。

人生ゲームはシングルライダー

人生ゲーム。誰もが知っているボードゲームの名作だが、やったことがない人のためにちょっと解説。コマがプラスチックの車になっていて、穴が8つ空いている。人は頭に球体がついた棒で表現されていて、プレイヤーは自分を表す棒を1本刺してスタートする。ルーレットで出た数だけ進んで、人生を体験していく、いわゆる「すごろく」なのだが、コマのあちこちに「結婚する」「子供が産まれる」という項目がある。そこに止まると、ほかのプレイヤーからご祝儀がもらえて、棒が増えていく。中には子だくさんになりすぎて、車から棒があふれ出す人もいる。

私の記憶では、人生ゲームでも子供を産んだ記憶がない。いつもポツンとシングルライダーか、結婚しても離婚が待っていた。案外ルーレット運がよくて、7〜10を出すことも多く、一番乗りで上がることも多かったが、子供があふれたことはなく、ご祝儀をとられるだけとられる。人生ゲームですらそうか、と今になって思う。

子供が苦手で、欲しいと思ったことが一度もなかった20代。セックスは快楽のためにある行為で、妊娠しないよう低用量ピルをずっと愛用していた。マーベロンというピルを逆輸入サイトで入手し、ずっと飲んでいた。

生理が面倒くさいなと思う時は、連続で飲み続けて、3か月に1回だけ生理を起こすなど、トリッキーなこともしていた。正直、生理は無駄だと思っていた。子供を産むために毎月出血して、気分も悪くて、おなかも痛くて。早くなくなればいいと思っていた。避妊もできて、卵巣の病気を予防する効果もあって、肌の調子を整えてくれる低用量ピルは、当時の私にとって欠かせないものだった。

そんな私が、なぜ突然子供が欲しいと思ったのか。何がきっかけだったのかは、日記を読み返しても定かではない。ただし、2006年9月には、子供について話し合っていると書いてある。妊娠したい気持ちが高ぶってる様子が雑に書き殴ってあった。

おそらく周囲にも「妊娠しようと思っている」ことを話していたようだ。当時、仕事で付き合いのあった熟年男性からは、

「昔の野獣に戻れ！　子供は産むな！」

とお説教されていたようだ。昔の私、というのは、夜の暴れん坊将軍だった頃、手あたり次第、男と寝ていた頃の私である。たぶんその男性は、子供ができて、がんじがらめになった自分の半生を振り返り、自由を失った経験があるのだろう。自分と同じような気質の私に対して、あえて苦言を呈してくれたのだと思う。「知るか、じじいの戯言《たわごと》め」と日記には書いてあるが。

人生ゲームですら子供をもてず、ピルでがっつり避妊していたのに、この急展開の源はいったいなんだったのか。当時34歳の私に、何が起こったのだろうか。

子供が欲しいという病

子供が欲しいと思った理由は、ただひとつ。付き合っている男との物理的な証だと思う。母になりたい、子供を育てたい、なんて成熟した気持ちではなかった。ただただ、男と私をつなぎとめる「ボンド」が欲しかったのだ。

ボンド（ｂｏｎｄ）は「絆」「結びつき」と訳すけれど、そもそもは家畜を縛りつけておくための拘束という意味だったらしい。ボンデージ（ｂｏｎｄａｇｅ）は、行動の自由の束縛、屈従、とらわれの身、奴隷の身分だそう。

そう、私は彼を束縛したかった。そのために子供が欲しかった。つまり、愛情の終着駅のようでエエ話に聞こえがちな「子供が欲しい」は、単なる道具というか手段だったのだ！やましいし、不埒《ふらち》な理由である。「そんな気持ちで子供が欲しいなんて！」と思われるかもしれない。でも、煮え切らない男を次のステップへ連行するには、妊娠が最適と思ったのだ。当時の日記をいくら読み見返しても、そのほかの理由は見つからない。

でも、世の中の女性たちはどういう理由で子供が欲しいと考えるのだろうか。そんなに純粋な気持ちで挑んでいるわけじゃないと思うのだ。うっかりできちゃった婚も多いし、誰もが計画的に妊娠して出産しているわけでもない。子供を産むことがステイタスと考えている人もいるかもしれないし、女としての証と考えている人もいるだろう。浮気がちな夫をつなぎとめるために妊娠を目論《もくろ》む人だっているだろうし、不倫相手を妻から奪いとるために虎視眈々《こしたんたん》と妊娠を計画する女だっている。

子供が欲しいというのは、実は一種の「心の病」ではないかと思ったりもする。現状の不安や鬱屈から逃げたい一心で、子供が欲しいと思ったりするのではないか。子供のイメージって、けがれのない純粋無垢なもの、心が洗われるもの、産み育てることが生き物としての成熟の証、みたいなところがある。そこにすがりたくなってしまうのではないか。

30歳になったばかりの知人女性が「彼氏はいらないけど子供が欲しい」と言っていたので、理由を聞いてみたところ、思いがけない言葉が返ってきた。

「もう自分にかまうのに飽きたんです。子供ができれば気が紛れるというか、自分どころではなくなると思って」

子育て真っ最中の女性からすれば「ふざけんな！」と思うかもしれない。でも、彼女の気持ちもちょっとわかる。欲望や願望がたくさんありすぎる自分をもて余しているので、強制的に何かに縛られたいのだろう。有り余る自己愛を誰かに注ぎたいのだろう。男に向けたいけれど、そう思える相手がいない。それで自分の子供が欲しい、というわけだ。

自分勝手な考えだと非難されても仕方がない。でも自分の人生がうまいこと回らず、思い通りにならない時、人は現実逃避をしたがるもの。

私も自分の実力で男をつなぎとめることができずに、妊娠を目論んだのである。

射精ハラスメント

我を忘れない、子供をつくるためのセックスほどつまらないものはない。34歳まで「いかに気持ちがいいことをするか」を最重要課題にして、セックスをしてきた。日記を読み返すかぎり、ほぼ3日に1度はセックスをして、しない日は「今日はセックスしていない」と書いてある。とにかく毎日セックスのことを考えていたフシがある。友人にこの日記をちらりと見せたら、「あんた、セックスのことばっか考えてるわね」と言われた。セックス依存症と言われてもおかしくないレベルである。言い訳しておくが、もちろん仕事も忙しく、女性誌から単行本まであらゆる仕事を請け負って、日常生活をこなしていたので、依存症ではない。一歩手前である。そして、有り余るエネルギー。

それが2006年9月を境に、変化している。まず、25歳から飲んできた低用量ピルをやめた。そして19歳から吸ってきたタバコをやめた。もうこれだけで自分を褒めてあげたい。さらに、この頃に基礎体温をつけ始めている。すっかり忘れていたけれど、家の中を探したら細かく記された基礎体温表が出てきた。私、こういうところはマメなの。「基礎体温表を若いうちからつけましょう」なんて、女性誌の記事でさんざん書いてきたけれど、正直、やらないよなぁと思っている。昨今は便利なスマホのアプリがあり、計ったら勝手に記録してくれたり、体温計自体もかなり進化しているので、つけている人も増えたのかもしれないが。当時、私は婦人科からもらってきた細かいマス目がついた仰々《ぎょうぎょう》しい用紙に、毎日チキチキと書き込んでいたのだ。点を線でつなぐとグラフになるやつね。基礎体温表には記号で書き込む欄がある。月経は×、中間痛△（たぶん排卵痛のことか）、不正出血▲、中間期帯下感（おりもの）＋、そして性交は◯である。

よくぞこんなものを毎日つけていたものだと、感心する。それまでは性欲の赴《おもむ》くままに求めて、排卵日など意識したことがなかった。彼が応じてくれない、あるいは不在で満たせない時はセルフでまかなう。執拗にまかなう家内制手工業。この時、お気に入りの無料動画は「カリビアンドットコム」だった（それは日記に書かなくても覚えている）。性欲が有り余っていたのである。

私の有り余る性欲解消＋排卵日前の性交要求。これ、男性にとってはかなりキツイと思う。ただでさえ性欲が強い女から、排卵が近づくと確実に中出しを要求されて、射精マシーンのように扱われる。「出ッせ！　出ッせ！　出ッせーラッ！」と、青森ねぶた祭りの跳人《はねと》のごとく追い詰められる。そこに男の自由はない。射精ハラスメントである。

今は、平常心で男性の立場を慮《おもんばか》ったことを書いているのだが、当時の私にはそんな余裕はなかった。自分はピルもやめてタバコもやめて、妊娠に向かって一直線。「私はこれだけ頑張ってるんだから、あなたも協力して当然でしょ！」と思っていた。

しかし、その極度の頑張りのせいか、とんでもないことが起こった。

何者でもない自分への歯がゆさ

その頃、健康増進のためにも近所のジムへ通い、やたらとプールで泳いでいた。妊娠に向けての体力増強という意味も強かった。そのジムは非常にこじんまりしたところで、ドヤ顔でエクササイズするような人はあまりいなかった。黙々と鍛える鋼《はがね》の筋肉をもつおばちゃんや、おそらくホモセクシュアルであろう筋肉美の男性が多かった。10メートルくらいの小さなプールはほとんど貸し切り状態で、私は黙々と泳いだ。

今まで怠惰だった生活をかなりタイトに絞り始めて、頑張りすぎちゃった感もある。でもそれくらい一直線になる時期って、誰にでもあるよね。周囲が見えなくなる感じで。ヨガにハマってインドに行ってなんだか違う方向へ開眼したり、オーガニックにハマって一気にベジタリアンになったり。男も女も30歳を超えると、何かに目覚め始める。その正体は「何者でもない自分への歯がゆさ」ではないかと思う。

そういえば、山登りにボリボリ出かけていた（この副詞の使い方は間違っているのだが、まさにボリボリって感じで）時期もあった。屋久島登山を目論み、トレーニングもかねて、ひとりで高尾山へ行っていた。早朝、京王線の下りに乗り込み、通勤の満員電車とは逆の方向へ。いちばんキツイ稲荷山コースをひとりで黙々と登ったりもした。

人から追い込まれるのではなく、自ら追い込む。頑張っている自分にちょっと酔いしれていたのかもしれない。

そんなある日、近所の美容院へ髪を切りに行った。なじみの美容師さんが私の頭を触っている時に、急に声をひそめて、手鏡を渡してくれた。

「気づいてました……？　ふたつほどできています……」

え？　何が？　手鏡を見て、びっくりした。後頭部に５００円玉大、前頭部に10円玉大のハゲができていたのだ。世にいう円形脱毛症である。

まず本当に円形にハゲるんだと驚いた。そして、「あるべきところにあるべきものがない」状態がこんなに不安になるとは思ってもいなかった。サイズはそんなに大きくないものの、

「これからどんどん広がるんじゃないか」

「ハゲたまま元に戻らないんじゃないか」

という不安は常につきまとう。

自転車で事故に遭った後、ハゲた経験をもつ友達に聞いてみた。彼は、

「シャンプーした後、排水溝を見ないこと（少量でも確実にショックを受けるから）」

「人にあまり言わないこと（言ってるうちに気になってしょうがなくなるから）」と言う。そして、円形脱毛症治療で有名な順天堂大学医学部附属順天堂医院も教えてくれた。

私のハゲのサイズと位置からすれば、髪の毛で完全に隠れる。それでもニット帽をかぶり、髪が風になびかないようビクビクしながら病院へ出かけた。

ハゲ、始めました

病院の待合室は帽子をかぶった人がたくさんいた。頭にバンダナを巻いている人もいた。同じ病でも、自分は軽症のほうだと悟る。診察までに数時間かかった。そっちのほうがストレスだった。医者は、

「この1〜2か月の間で何か大きな変化やストレスはありましたか？」と聞いてきた。

「ピルやめました。タバコやめました。健康のために泳いでます」と言うと、

「それは体に悪いことじゃないし、関係ないと思います」とばっさり。

治療法は、プスッとハゲに注射するだけ。そしてステロイドの塗り薬を処方された。これで治るとは到底思えない。長引く人は長引く、自然に治っていくことも多いと言われた

ので、病院に通うのはやめようと思った。要は「気の持ちようだ」と知るために、行ったようなものだ。

そして、気がついたらチクチクと毛が生えてきて、いつの間にか消えていた。が、別の場所に再び小さなハゲができた。広がってつながっていくことはなかったが、できては消え、できては消え、を繰り返した。

ハゲ初期の頃は、シャンプーやらトリートメントやら、かなり気を遣ったのだが、それもあまり関係ないとわかったので、金をかけるのはやめた。ただし、ハゲを隠すために、「スーパーミリオンヘアー」はマストアイテムだった。超微粒の粉状の繊維を頭皮に振りかけると、静電気でくっつき、ハゲを隠してくれる。世にいう「ふりかけ」である。男性型のハゲの人々が愛用しているのだが、愛用する理由も売れている理由もよくわかった。本当に優秀な商品で、大瓶が6000円以上と決して安くはないのだが、3か月以上はもつ。何よりも、地肌が見えなくなり、本当にわからなくなるから。オススメです。

最も大きく、目立つ位置にできたハゲは直径10センチくらいだった。やや前側の側頭部の毛が驚くほど抜けて、つるつるになった。なんというか、頭蓋骨の地平線がわかるほど、と言えば想像つくだろうか。それも3年かかったが、跡形もなく消えた。今年に入ってハゲがひとつもなくなったので、通算11年はハゲと共存してきたのだ。

ハゲは見た目の問題だけで、痛い・かゆいなどの苦しみがない。小さなハゲの連発で済んだ私は、本当にラッキーだったと思う。私の姉は若い頃、すべてのハゲがつながって、それこそ落ち武者のような頭になったことがあったので。その姉も今はフサフサである。

ハゲになって学んだことは、いろいろとある。薄毛を気にする男性の気持ちがよくわかるようになった。運転手や秘書に対して、ミュージカル調の罵詈雑言《ばりぞうごん》で有名になった豊田真由子に、私も怒りと生理的嫌悪を覚えたよ。全国のハゲを敵に回したね、あの女。

そして、小さいことで悩まないようになった。円形脱毛症は病気ではあるけれど健康体であることに感謝した。

そして、妊娠に向けていろいろと頑張っていたのだが、それが結局は無理をしていたのだと思うようにした。そのほうがなんとなく報われるから。実際の原因は実はわかっていないが、無理をすること自体が性に合わないのだと悟った。

快楽から生殖へ。欲張りすぎた性欲

いつの頃からか、妊娠を目論むことを「妊活」というようになった。「婚活」という言葉が流行した後、やたらと「〇〇活」が叫ばれるようになったからかな。もともとは「就活」、そして「婚活」、「妊活」に「終活（人生の店じまいみたいな）」。〇〇活を張り切っているのは主に女性のような気もする。前向きに活動する自分、カテゴライズされたい自分。

私が最初に妊娠を目論んだときは「妊活」なる言葉はまだなかった。明るく前向きに妊活！　ではなく、もうちょっと悲壮感があった。

　これ、人様から見るとかなり滑稽なのだが、本人は真剣。排卵日に向けて、いそいそと精力増強料理を作る。といっても料理が苦手なので、にんにくぶちこんだとか、その程度なのだけれど。さすがにエロい下着でお出迎えはしなかったが、プレッシャーをかけまくっていた。セックスした後は逆立ちもした。ちょっと想像してみてほしい。ハゲちらかした頭の女が全裸で逆立ちしている絵を。

　射精後、精液が漏れ出さないように、ぐっと下腹部全体に力を込める。素早くティッシュでフタをして、脚を上げたまま壁にもたれる。逆立ちと書いたが、逆立ちできるほどの身体能力はない。横になったまま尻を持ち上げて、両脚はぴんと伸ばして、壁につける。精液が子宮の奥へ届くように、という願いのポーズである。

このポーズに医学的根拠があるかどうかはわからない。でも、セックスをした後、すぐに動くと、股間から精液が漏れ出てしまう。女性は経験した人も多いと思うのだが、私は特にゆるいのか、ザバザバと出てしまう。物理的にさかさまにしたほうが精子もとどまりやすいのではないかと考えた挙句のポーズである。

そうそう、インターネットで都市伝説となっている「エビオス錠」を買ってきて、彼に飲ませたりもした。これを飲むと男性が「精液ドバドバ」になるという噂がまことしやかに言われていたのである。しかし、結果としては「おならがよく出るようになった」だけだった。まぁ、整腸剤だしねぇ。

男性不妊の専門医で、獨協医科大学越谷病院泌尿器科の小堀善友《こぼりよしとも》先生が、この都市伝説を調べたところ、精液が増える、精子が増えるなどの効果はなかったそうだ。医学的根拠ナシ。それでもこういうものにすがりついちゃうのが妊活中の人間の心理である。

気持ちがいいセックスだけを追求してきたのに、妊活のせいで、頭で考えるセックスが鎌首をもたげ始めた。理性のセックスだ。

とはいえ、そうそう自分の性癖を変えられるものではない。満足のいくセックスを求めるだけでなく、排卵日付近には回数も要求。普通の男性には耐えられない拷問である。自分の首を絞めるだけでなく、彼の首も絞め続けた。

そして、私たちは険悪な雰囲気になる日が増えていった。

男の速度、女の速度

ピルをやめてから4か月が経った。性欲の緩急がついてきた気がする。ピルを飲んでいる時は「フルタイムエニタイムＯＫ」で、体調も絶好調だった。ところが、ピルをやめて、いざホルモンの荒波に曝《さら》されると、気分と体調の差が激しくなることを痛感した。

ピルはホルモン剤だが、もともとのホルモンの乱高下《らんこうげ》による体調不良を改善してくれるものだ。20代から30代の激忙期を快適に過ごすことができたのも、ピルのおかげなのだと思い知った。

今思うと、この頃は不安定だった。自分勝手に子供が欲しいと思い始めて、猪突猛進に生活を変えていく。完全に視野狭窄《きょうさく》だったと思う。そして、彼はその気持ちに応えようとしていたにもかかわらず、私の速度が速すぎて追いつけない状態にあった。種馬のように求め続けられ、疲れがとれない。うまくいくはずがない。3年近く付き合ったのだが、歩く速度があまりに違いすぎて、別れることになったのだ。

ここで、子供が欲しいという病がいったん治る。２００8年、36歳だった。不思議なもので、次々とほかの男を漁り始めたのだが、子供が欲しいとは一切思わなかった。体の関係オンリーというか、とりあえず寂しさを埋める相手を探しまくっていた。私が人生で初めて婚活的なことをしたのも、この時だった気がする。

やはり子供が欲しいという病を突き詰めてみると、「この男をつなぎとめたい」だったのだ。本当に子供が欲しくて、子供を産みたい・育てたいという欲求ではなかった。意図せず妊娠して子供を産んだ人でも、根底は同じかもしれない。真剣に子供が欲しい、育てたい、子孫繁栄したい、と思って子供を産んでいる人はどれくらいいるだろうか。

でも日本の社会においては、そんな微妙なニュアンスは許されないというか、認められない。「女は子供を産むのが当たり前」という考え方が広くあまねく蔓延《はびこ》っている。

2017年5月6日付けの『東京新聞』で「生涯未婚率は必要?」という記事があった。生涯未婚率とは、50歳までに一度も結婚したことのない人の割合を示す数字だ。この数字は時代遅れで、不要ではないかという議論である。

記事によれば、「(生涯未婚率は)出生数にかかわる指標のひとつで、厚労省は女性の『出産可能年齢』を15~49歳としているため、一人の女性が出産に寄与したかどうかを知るうえで、50歳時点での未婚率を取っている、と説明する。つまり結婚よりも出産に重きを置いた調査なのだ」とある。50歳で生涯と決めつけるのもおかしな話だし、「出産に寄与したかどうか」という文言もショックだ。寄与って。産めよ増やせよの時代の話かよ、と。

それでも女性たちは脅迫され続ける。結婚しろ、子供を産め、と。ホントは夫も子供も欲しくなくて、ひとりで気ままに生きていきたい人も、その意志を表明しにくくなっている。言えない空気、言わない配慮。それが日本の土壌なのかもしれない。

人生初の婚活は楽しかったわ

彼と別れて、ありとあらゆるツテを頼った。誰かいい人がいれば紹介してほしいと。思えば、当時の友人たち（今は見事に疎遠になっている）がいろいろな男性を紹介してくれた。合コンもめちゃくちゃ行った。佐川急便男、創価学会男（後から知ったよ）、韓国人、ブラジル人、学者に新聞記者、年寄り、ED。まったくうまくいかなかった。

他力本願ではダメだと思い、自分からも無料の婚活サイトに登録して、なんとなくよさそうな人と何度か会ってみた。当時の私の基準は、メールに誤字脱字がないこと、日本語をちゃんと理解できる人、だった。

婚活サイトで出会う40歳を過ぎた男たちは本当にひどかった。話はクソ面白くないし、自慢話ばかりだし、おいしい店や素敵なお店を知らないし、こちらの食べたいものを聞かずに勝手にオーダーするし（しかもまずくて安いものばかりセレクト）。これは女友達の間でおおいにネタになった。「慶應卒の月のしずく男」など、あだ名も語り継がれた。

もちろん、自分に見る目がなかったことも反省した。ついでに言えば、自分も相手から同様の低評価を受けていたと思う。相手は相手で、ブス、ヤリマン、アバズレ、バカ、やさぐれ、銭ゲバと蔑んでいたに違いない。

でも、この1年間はなんだかんだいって楽しかった。いろいろな男性と会って、欠点をほじくり返しては次の物件へ。結婚を前提に、というよりは、もうちょっとライトな感覚で男漁りをしていた。そりゃ楽しいよね。責任なし。目標なし。だから真剣な婚活とはちょっと違っていたのかもしれない。相手を欲する気持ちは真剣だったけれど。

時々思うが、そういう人生のほうが私はラクだったと思う。決してモテるわけではないし、相手にぴしっと求婚されたことも1回もない。セックスはそれなりにできるもんだが、恋愛まで発展しないことが多かった。フラれてばかりだったわけだが、泣くのは一瞬。それでもなんとなくキリキリしたり、フワフワしているのが本当は心地よかった。束縛しない自分、束縛されない自分。食べて飲んで稼いでセックスして。なんか映画のタイトルみたいだけれど。ダメだったら次へ行けばいい、と思っていたのだ。

ちょうどこの年は、長年シンガポールに住んでいた姉が日本に帰国することになった年だ。姉は高校のときに留学して以来、ほぼ外国暮らしだった。思春期の頃から離れていたため、イヤな思い出も壮絶な喧嘩をした記憶もない。なんだか気の合う親友が急にできたような感覚だった。実際、姉と遊んでいるときはめちゃくちゃ楽しかったし。

ただひとつ。姉が私の家に来ているときは男を連れ込めないというデメリットはあった。狭いワンルームなので、姉が邪魔な時もあったのだ。その時だけちょっと呪った。

恥ずかしながら元鞘に収まりました

別れた男は死ねばいい。そう思っていた。連絡先、一緒に撮った写真、もらったものから思い出まで、すべてを棄てて自分の歴史から抹消。付き合っていた頃の楽しさや高揚感も否定し、一切合切を棄てた。フラれた率が高かったからかもしれない。

精神的に殴打されても、立ち上がるのは比較的早いほうだったと思う。食欲が失せることも一切なかった。「泣きながらご飯を食べたことがある人は生きていける」という名言もある（TBSドラマ『カルテット』で松たか子が言っていた）。そして、愁《うれ》いを身につけて浮かれ街あたりで名をあげるべく、超速攻、次へ行くスタンスだった。

だから、「元の鞘《もとのさや》に収まる」、通称・元鞘なんて、ありえないと思っていた。一度別れた人と復縁するという意味自体がわからなかった。元鞘現象否定派だったのだ。

ところが、男女関係は本当に誰にもわからないもの。まさか、と思うことがうっかり起こる。謎の化学反応も起こるし、想定外の相殺《そうさい》作用や相乗作用も起こってしまうのだ。自分自身にもこの「まさか」が起きたのである。

1年前に付き合っていた男の子供が欲しくて、一緒に住みたかったのだが、彼自身はそこに踏み切れなかった。次第にエスカレートして視野狭窄になった私が、彼を追い詰めてしまった。3年近く付き合ってきたのだが、人生の方向性が違うのは大きな溝だと思い、別れることになった。その男と、1年後、元鞘に収まったのである。

細かい経緯は忘れてしまったのだが、当時、彼は役者をやっていて、出演する芝居を観に行く機会があった。観た後で「感想を聞かせてほしい」と言われ、そこで彼の芝居に超絶ダメ出しを食らわせたのだった。

彼は酒を煽《あお》りながら、重箱の隅をつつくような私のダメ出しとイチャモンに近い意見を真摯《しんし》に聞き続けた。最終的にはへべれけに酔っ払いながら、

「こういうことを正直に言ってくれるのは、潮ちゃんしかいない」

「もし結婚するんだったら、潮ちゃんしかいない」

的なことを口走ったのだ。のろけついでに書くが、

「潮ちゃんをギューーッとしたいんだ」

を連発していた。日記に書いてあるから間違いない。後で聞いたら、本人まったく覚えていないと言うのだが、確かに言ったのだ。安い居酒屋でレモンサワーを飲みながら。決して私の空耳や妄想、脳内花畑状態ではない。

ちょうど1年間、別れて冷静になった。その間、私も彼も、ほかの人と付き合ったり、セックスしたりで、いろいろとあった。私なんか結構浮かれポンチにヤリまくっていたし。それでもまたくっついた。これは非常にレアケースだと思う。ちっとも参考にはならない

とは思うが、元鞘現象について擁護していこう。

「新幹線と自転車」が「鈍行とスクーター」に

「子供をもつ」「一緒に住む」という点で、お互いの方向性や生活指針が異なることで別れたはずだが、この１年間でなんとなく彼が変わった（弱った？）ように感じた。あきらかに変化を遂げた気がしたのだ。これは、よりを戻せという神の思《おぼ》し召しなのか？　といっても、信心深くはないので、女性誌編集者で恋愛相談の達人でもある女友達にこの案件を相談してみた。すると、彼女は私の状況を非常にわかりやすく解説してくれた。

「もともとふたりは進む速度が違う乗り物に乗っていたんだよ。潮は新幹線で、元彼は自転車。でも元彼はスクーターに乗り換えて再び現れたわけだ。もうその変化だけでもすごいことだよ。男の変化の一歩は女からすれば小さいけれど、彼らにとってはとてつもなく大きな一歩なわけで、そこは評価してあげないとね」と。

はぁ。そうだとしても、依然としてすごい速度差があるんですけど……。

「だから新幹線から東海道本線に乗り換えるくらい、あんたも変わればいいんじゃね？」

相手を変えようとするのではなく、相手に変化を強要するのでもなく、自分がちょっと変わればいい。さらには、相手に変わろうという意思があり、実際に少しでも変わったと感じるなら、よりを戻してもよいのではないかと。そうか、そうだよね。

元鞘現象を「意志が弱いだけ」「判断力が低下した」と、どこかで蔑んでいた自分を恥じた。元鞘に収まるのは、お互いに微少でも変化して、それを受け入れたということなのだ。もちろん、暴力や借金の癖がある男は「元鞘、ダメ、ゼッタイ」なのだが、そうした負の性質は一切なかったのだから。

初志貫徹、一生変わらないことは素晴らしいと思う。特に日本では、不変の美学が根強い。外見も心根も変わることなく、芯を貫くことが礼賛される。「変わってはいけない」という無言の圧力に、不本意ながら屈している人も多いのではないか。

でもさ、人間変わるよ。変わらない人もいるけれど、変わる人もいるよ。他人が変えようとしても変わらないけれど、自分で変わろうと思ったら変わる。変われる。あるいは見方を変える。角度を変えると、見えてくるものがあるはずだ。これは妥協ではない。シフトチェンジとも言える。

というわけで、元鞘現象については多少優しい気持ちをもつようになった。否定派ではなく、かといって推進派でもない。容認派といったところか。元鞘に戻ろうか否か迷っている人には、シフトチェンジも決して悪くないよ、と伝えたい。

ちなみに、27歳の女友達に「別れた男をどう思うか」と聞いたところ、名言が返ってきたので紹介しておく。

「別れた男は死ねばいい、とまでは思わないけど、うんこ踏めばいいと思ってます」

適量の愛と憎しみを含む、いいさじかげんの言葉だ。心にメモしておきたい。

人生の凪、箸休め

元鞘に戻り、彼に多くを求めなくなった。といっても、貞淑な彼女になったわけではない。おそらくマイブームが過ぎ去ったのである。子供が欲しい熱、急降下。一緒に住まなくても別にいい、とも思い始めた。これがいちばんラクな形だと。

そして、思ったことはすぐ言葉にすることをお互いに約束した。「言わなくても察してよ」というのは傲慢な話で、言葉にして伝えないとあらぬ誤解を招くと気づいたからだ。

なんというか、人生の凪《なぎ》状態。日記でもやたらと「幸せ」という文字が出てくる。とはいえ、小さな小競《こぜ》り合いは勃発していたようだ。ある日の日記ではこう綴っている。

「セックスしたいなと思っていても、なかなか時間と性欲ボルテージのタイミングが合わなくなってきた。私はいつでも大丈夫ではあるんだが、基本、夜にしたい。でも彼は爆睡。悶々として眠りにつく。毎日のように触ったり抱きついたり尻撫でたり、セクハラ（ある意味DV）を日々続けてはいるのだが、セックスに至っておらず。彼曰く『朝セックスしようと思ったら、気持ちよさそうに寝ているから起こしたらかわいそうだと思って』だそうだ。コノヤロー、起こせよ！　情けは人のためならず。根底には自己愛を感じるわい」

夜型人間と朝型人間の差。モヤモヤすることも多かったが、自分が時間帯を合わせればいいだけの話だ。お互いに若くて、体力もまだあったので、妥協する、あるいは頑張ることもできた。快楽のセックスになんとなく戻ることができたのは、幸せだったと思う。

ただし、深層心理はよくわからない。この頃、頻繁に夢を見ていたようで、その内容を日記に細かく記してある。読み返してもちっとも思い出せない夢もあれば、今でもなんとなく感覚で覚えている夢もある。

「某日　イヤな夢を見た。気づくと風呂に誰かが入っていて、うんこくさい。出てきたのは父親だった。しかも川俣軍司《かわまたぐんじ》（81年「深川通り魔殺人事件」の犯人）ばりの白ブリーフ一丁。私の布団のニオイを嗅いでいて、気持ち悪い。腕を掴《つか》まれて、予想以上の力に慄《おのの》く。気持ち悪い」

「某日　私はレズビアン。相方と一緒に住んでいるが、彼女が壁やカーテンにうんこやゲロをつけまくる。掃除をしながら、ああ、疲れたと思っている（男への不信感か）」

「某日　得体のしれない何かが覆いかぶさってくる。でも金縛りの状態。力を振り絞って大声でお経を唱えたら消えた（某新興宗教の呪いをかけられたのかもしれない）」

単純に疲労がたまって睡眠不足だったのかもしれないが、妙に気色悪い夢やニオイたつ夢ばかり見ていた。何の暗示？　なぜうんこばかり出てくる？

第3章

不妊治療始めました、迷走し始めました

妊娠したい種火は消えておらず

よりを戻して、２年。この時期、すっかり妊娠出産をあきらめたと思っていたのだが、日記を読み返してみると、どうやら違っていた。ピルを再開せず、毎月訪れる生理に舌打ちし、生理痛と妊娠に失敗した事実にもがいていたのだ。

排卵日前は日記にも「仕込み」と書いてある。基礎体温をつけるのもとっくにやめていたのに、あわよくば妊娠、できたらいいなと願っていたようだ。この時、私は37歳。犬猫と同じように、想像妊娠もしていた。セックスの後、少し体調がよくないと、

「すわ妊娠か?!」

「今回は何かが違う。当たった気がする！」

などの記述もある。そして、生理がくるたびにバカみたいに落ち込んでいた。ムカつくほど定期的にやってくる生理。１日遅れるだけで、脳内は妊娠騒動だった。

妄想ここに極まれりと思うのは、産むならどこがいいか、近所の病院をチェックまでしていたようだ。日記にも病院名まで記してある。

「家から近いのは○○大学病院だけど、ここんちの医者はプライドが高そうだなぁ」

「メシがうまそうなのはこの××院かな、でも院長がジジイで説教しそうだなぁ」

とかね。まだ妊娠もしていないのに。なぜこんなに妄想猛々《たけだけ》しかったのか。

当時、親友が相次いで妊娠・出産していたことも影響しているようだ。今までずっと一緒に遊んで、同じ道を歩いていくだろうと思っていた女たちが、次々と母になってゆく。焦りというよりは、おいていかれるような寂しい気持ちだった。

いや、ちょっと待て。私はまだ結婚もしていない。同棲もしていないのである。順番が違うような気もするのだが、妊娠出産願望の種火は細々と点《つ》いた状態だったのである。

この時に、不妊治療を始めなかったのは、そこまでの覚悟とお金がなかったからだ。「不妊治療は高い」という話をほうぼうから聞いていたし、周囲には不妊治療を開始したという人もいた。人工授精（出したてホカホカの精子をクリニックへもっていって、子宮に仕込んでもらう）の苦労話なども聞かされていたし、なかには不妊治療で外車1台分をつぎ込んでいる人もいた。外車って少なくとも600万はするよねぇ。後で調べたら200万の外車もあったけれど、その人は大手出版社の社員だったので、1000万円の大台を超えているのだろうなと邪推した。

また、不妊治療はかなりの頻度で病院へ行かなければならないと聞いた。当時、私は体験取材や地方取材、海外取材も多く、仕事が忙しかった。しかも原稿料の振り込みも遅れがちだったりで、生活も収入も決して安定してはいなかった。不妊治療どころではない。

この段階で治療を始めていれば、私の卵ももう少し若かっただろうに。悔やんでも仕方のないことだ。心にも懐にもそんな余裕はなかったのだから。

初顔合わせでパンツをせびる

付き合って5年目（間に1年別れているけれど）にして、ようやく彼が重い腰を上げた。借りている家を引き払って、私の家に一緒に住むことになったのだ。

そうだ、私の過去と経済状況と家のことについて、少し解説しておこう。

24歳で結婚し、32歳で新築一戸建てを買ったものの、私の浮気が原因で、離婚した。慰謝料50万円を支払い、猫1匹とド貧乏暮らしをスタートさせた。それが２００４年末。

貯金はほぼなかったが、仕事はたくさんあった。女性誌や単行本の仕事をがっつがつ受けて、２００５年末には中古マンションを購入した。築24年、ちょい広めのワンルーム。日本でも有数の繁華街の端っこにある、利便性もリセールバリューもかなり高い部屋だ。

不動産屋が知人で、フリーランスでも購入できるプランをうまいこと組んでくれたおかげで、毎月家賃並みのローン支払いで購入できた。ただし、68歳まで続く35年ローン。

前の離婚で家を追い出された経験があるせいか、私はもう二度と誰にも追い出されない、自分の家が欲しかった。この家を購入した時、すでに彼と付き合っていたのだが、ここは私の家である。ローンもすべて自分で払いながら、もし彼が一緒に住むならば、毎月のローン支払いの半額ぐらいもらえればいいなと図々しく思っていた。

彼は彼で10万円の家賃を支払い、バイクで5分ほどの距離に住んでいた。週5日は我が家に泊まっているのだから、彼の家賃は実にもったいない。だったら俺に半額くれないか、と勝手に思っていた。

彼にしてみれば、どうやら金の問題だけではなかったらしい。当時、彼は役者をやっていて、台本を覚えたり、ひとりになれる空間が欲しかったという。私の家はワンルームなので、逃げ場がない。しかも、私は家で原稿を書く仕事だ。彼は「仕事の邪魔をしたくない」と思っていたようだ。ちょっと聞こえはいいけれど、要するに、

「邪魔したくもないし、邪魔されたくもない」

ということなのだろう。

ところが、一緒に過ごしていくうちに、彼は気がついたという。私が原稿を書く時は何があっても気にしないという図太さに。

ある時、彼が我が家にて、大音量で映画『電人ザボーガー』を観ていた。その時私は驚異の集中力で原稿を書き上げていた。板尾創路《いつじ》を観ながら、彼は思ったそうだ。

「仕事していても、周りの音を全然気にしない人なんだ……」

そこからは早かった。長年彼が住んだ家を一気に掃除し、必要最小限のものだけを我が家に運び、そのほかのものは静岡の実家へ運び入れた。私もその作業を手伝い、そこで初

めて両親と会った。荷物を運び入れて、汗だくズブ濡れになった私はお義母さんに言った。

「いらないパンツ、ありませんか?」

人生の転換期　その一

汗だくかつ埃《ほこり》まみれで薄汚れ、ノーメイクにボロ服の、色気もクソもない38歳、しかもよくわからないライターという職業でバツありの女に、お義母さんはとても優しかった。新品のワコールのパンツをもらい、東京へ戻った。そして、念願の同棲生活を始めた。

彼は役者の仕事がほとんどなかった。ホテルの配膳のアルバイトをしていて、ほぼフリーターの状態。当時勤めていたのは、東京の三大老舗ホテルのひとつ。ちょうど外資系の大手ホテルが進出し始め、状況はあまり芳《かんば》しくなかったようだ。

仕事ができないボンクラ社員を優遇し、長年貢献しているサービスのプロである配膳のバイトたちはかなり冷遇されていた。彼の先輩は本当に素晴らしいホテルマンだったが、クビになったという。そのことで、彼も相当ストレスをため込んでいた。

彼が話していると、どんどん口調に怒りを増幅させていく。最終的には、まるで私が説教されているような気分になり、つらかった。彼も相当つらかったのだと思う。この頃から、静岡の実家に帰って家業を継ぐことを考え始めていたようだ。

私はしがないライターではあるが、仕事の主戦場は東京だ。静岡に一緒に行くことは、かなりの覚悟を要する。仕事も減るだろうし、あったとしても静岡と東京の往復交通費を出せる出版社などあるはずがない。それでも、始めのうちはのほほんと考えていた。静岡へ行っても、仕事量が減っても、ライターとしてなんとかなるかなと。家のローンもあるけれど、賃貸に出して家賃収入から払っていけばいいかな、などと甘く考えていた。

周囲の人になんとなく静岡移住を考えている旨を話すと、ほとんどの人が驚いていた。特に親友のS子は、メールをくれた。

「経済的損失を防ぐための法的措置をとっておくべきだと思います」

年下の女友達なのだが、彼女はいつも冷静沈着だ。私が前の結婚をしていた頃からの付き合いで、常に私を正しい方向へ導いてくれる人でもある。

家を貸すと言っても、そう簡単によき人に出会えるはずもない。大家は大家なりに経費もかかるし、維持費と固定資産税も払っていかなければいけない。友人に貸すことも考えたが、やはりワンルームでは厳しい。事務所仕様にするには狭く、平米数が足りない。

私の仕事も、ほとんどが都内で取材だし、時には地方や海外出張もあった。やはり基点は東京が有利であることは間違いない。私自身も相当の覚悟が必要だと思っていたが、当時、彼はその重さをあまり慮ってくれなかったようだ。日記には愚痴が書いてあった。

ちょうどその時に、新潮社の中瀬ゆかりさんから嬉しい依頼をいただいた。「『週刊新潮』

でテレビコラムの連載をやらないか」ということだった。全裸で踊りまくりたいくらい、嬉しかった。定期的な収入が確保される連載はありがたいし、しかも週刊ということは毎週振り込まれるわけだ。これが人生の転換期その1だった。

人生の転換期　その2

同棲して半年ほどたった頃、彼が車にひき逃げされて大けがをした。間の悪いことに、私は友人と海外旅行へ行っていた。ペルーのマチュピチュとナスカの地上絵を巡るツアーで、すっかり南米かぶれして浮かれて帰宅したら、家に傷病兵が横たわっていた。肋骨は数本折れて、背骨の突起も骨折。両腕の皮膚はズル剥《む》けになり、額の横は切れて打撲を負っていた。

彼は少しやさぐれていた時期でもあったため、誰かと喧嘩したのだと思った。

「誰にやられたんだ！」

と問い詰めた。もう怒り心頭、必ず復讐してやると鼻息荒くなった。犯罪被害者の家族の気持ちはこういうことかと実感した。こういう時って怒りで震えるんだよ、手が。

どうやら彼には記憶がない。酒に酔って帰宅途中、家の真ん前でひき逃げされたらしいというのだ。本来なら入院レベル、全治1か月の大けがだったのだが、私は1週間不在。

我が家の猫の世話をしなければいけないと思った彼は、無理やり帰宅したという。病院の医師もひき逃げの可能性が大きいと言っていたそうだ。彼は、自分が酒に酔って記憶がないため、半ばあきらめ、泣き寝入り寸前だった。んもう！　ひき逃げは現行犯が原則だし、時間との勝負だよ！

着ていたTシャツは血まみれで、ズボンにはタイヤ痕。そこから私は執念の捜査を開始した。確かに、我が家の前の道路を見ると、血痕がついている！　もう『科捜研の女』（テレビ朝日）の沢口靖子ばりに事故現場を推定し、そこから100歩ほどの交番に問い合わせた。

ところが、交番レベルではまったく動いてくれない。しかも酒に酔っていた彼を酔っぱらい扱いして、まったくらちが明かない。

次に、近くの防犯カメラの映像を探した。ところが、町内会の防犯カメラ映像は、プライバシー保護のため、警察が動かない限り見せられないという。映像は1週間しか保存されていないというから、時間がない。もうこうなったら直談判。

我が家から最も近い警察署に、血まみれのTシャツとタイヤ痕のついたズボンを持参し、大けがしている彼も連れて行った。交通捜査課の警部補が即座に動き、翌日には犯人が逮捕された。初老のタクシー運転手だった。点数がなかったため、つい逃げたという。犯人は有罪となったが、懲役1年執行猶予3年。確定してから謝罪に来たが、もうあとは保険の問題だ。逮捕までの数日間悔しくて、眠れなかった。ハゲが広がっちまうところだった。愛する人が犯罪に遭《あ》った時、怒りがこんなにも全身を巡るものかと初めて体験した。

この事件によって、彼の心の中にも転換期が訪れた。死についても考えたらしい。当たりどころが悪ければ、死んでしまったかもしれない。いろいろなものが重なり、静岡の実家へ戻ることを決意したという。

人生の転換期　その3

おいおい、妊娠の話はどうした、と思っているかもしれない。ちょっと脇道それて熱くなりすぎました。で、直接そこにつながるのが、最後の転換期です。

彼は静岡に戻り、家業を継いだ。といっても、開けてみると大変な状態だった。干物の卸売業なのだが、義父は自分の代で終えようとしていた。そこへ45歳の息子が突如帰ってきて、継ぐという。正直、商売が立ち行かなくなっていたというのが実情だったようだ。

彼はまず通信販売で小売りを始めた。そこは私も得意分野なので、私の友人たちの力を借りた。カメラマンに商品を撮影してもらい、デザイナーにホームページを作ってもらい、パンフレットも制作した。

私は私で、テレビコラムという新規分野に戸惑いつつ、しかも絵も描かなければいけないので、試行錯誤の日々。フォトショップなんて使ったことがなかったのに、独学であれこれと学んだ。同時に、医療健康系や女性誌の仕事も続けていった。結構忙しかったのだ。静岡へ移住という話は、徐々に、でも確実に薄れていった。

そんな時に、東日本大震災が起きた。２０１１年のあの日、幸運なことに、ちょうど彼が東京に来ていた。午後の新幹線で静岡に戻ろうとしていた時、大きな揺れが襲った。

我が家はえらく揺れた。食器棚から食器が飛び出して割れた。本棚から本がすべて飛び出し、パソコンを直撃した。冷蔵庫も開いて缶ビールやら何やらが飛び出した。私はちょうど原稿の締め切りを終えて、ひと息ついたところだったが、完全にパニック状態に。

何はともあれ、猫を守ろうと思った。猫もあまりの異常事態に、香箱《こうばこ》を組んだまま固まっていた。本当に異様な状況だったが、彼は冷静かつ迅速に動き、割れたモノを踏まないよう私に指示を飛ばし、避難を誘導してくれた。パニック状態の猫を入れたキャリーケースを肩にかけた私は、なぜか冷蔵庫から落ちたビールを手にとっていた。

「それ、今、いらない！」

と彼に怒られた。そして家の外に出て、エレベーターのボタンを押した私に、

「違う！　危ない！　階段で逃げるんだよ！」

と彼。その後も、彼は的確な指示を出し、キャリーバッグを抱えて青ざめた私を近くの寺の境内へと誘導した。携帯電話がまったく使えない状況で、テレホンカードを手渡し、

「とりあえず実家に電話して安否を確認して！」

と言う。なんて頼もしいんだ！　しかもテレカを今時常備してるなんて！　揺れが収まった後も、テキパキと動き、家の中の片づけをしてくれた。

完全に惚れ直した。「ああ、この男と一生一緒にいたい」と思う前に、なぜか、

「ああ、この男の子供が欲しい」

という気持ちが改めて体の底からわいてきたのだった。

いわゆる震災婚

震災後、彼はちょくちょく東京に来てくれた。有事の際に私がまったく使えない人間であることが露呈したからだ。寂しさと不安もあって、眠れない日もあった。そこで、また私の悪い癖、「子供が欲しい病」の発症である。

ある程度は仕事で勉強していたので、不妊治療についてはそれなりに知っていた。知っていたつもりだった。40歳を超えると、たとえ体外受精でも妊娠率がガクンと下がること、数十万円はかかること、卵子がとれても受精卵になるとは限らないこと、人工授精よりも体外受精のほうが手っとり早いこと、不妊治療に非協力的な男がたくさんいるということ、そして不妊治療が原因で別れるカップルも実に多いなどなど。

まずはひとりでクリニックへ行き、39歳なのでスピード&効率優先主義であることを医者に伝えた。まだるっこしい検査をいくつも受けている時間的な余裕はないので、体外受精をしたいと。

これは彼とも合意済みである。彼が不妊治療についてどこまで理解していたかはわからないが、ひととおりは電話で説明した。年齢を考えると、手っとり早く効率のよさそうな体外受精を受けたほうがいいと、プレゼンしたのだ。おそらく私の熱意ある、というか鬼気迫るプレゼンは迫力があったに違いない。彼に有無を言わせなかったのだと思う。そして、彼は限りなく優しい男なので、「やりたいんだったら協力するよ!」とひとつ返事だったのである。

2回目は彼も一緒に行った。精子をとるためである。新幹線でやってきて、取精室なる個室にて、セルフで精子を絞り出す。その中から即座にイキのいいヤツだけが選ばれて、保存される。ちなみに取精室にあった起爆剤(要はオカズ)は、『ザ・ベスト』(KKベストセラーズ)と美人OLモノのAVだったそう。へぇ。院長の趣味かな。渋いな。

ひとまずそこで男性側の任務は終了である。つくづく思う。いいよなぁ。痛いとか面倒くさいとかツライがないんだから。女性は、まず性感染症などの検査を受け、妊娠に適しているかどうかを調べた後、排卵日を待たねばならない。そして、排卵日に卵子をとるために地獄の通院が始まる。こまめに血液検査を受けてエストロゲンなどのホルモン値を計り、採卵に向けて準備態勢をとる。

実はそこにふたつの障壁があった。ひとつめは、なんとクラミジアに感染していたことが発覚したのだ。思い当たるフシはある。私にも彼にも。こまめに婦人科検診を受けていたのに。と、書くとまるで彼が感染源かのように思われてしまうではないか。彼の名誉のためにも、記しておく。婦人科で内診は受けていたが、性感染症の検査をオプションで受けていなかったのである。だから、私がもっていた可能性が高い。

そして、ふたつめ。私が行った超有名な不妊専門のクリニックでは、体外受精に関して、入籍が必須条件だった。知らなかった……。籍を入れていなくてもOKな病院はたくさんあると聞いていたのに。あれはセレブや有名人に限った話だったのか。

体外受精の前に、まずはクラミジア治療と入籍が必要だったのだ。ブームに乗っかったつもりはないが、いわゆる震災婚だ。ただし、正統派の震災婚ではない。不妊治療を開始して、必要に駆られて入籍したのだ。しかも慌てて入籍。

晴れて夫婦になりまして

クラミジア感染が発覚し、私は治療薬をもらった。彼の分とふたり分。そして、戸籍謄本をとって、急きょ静岡へ向かった。静岡駅に迎えに来てくれた彼と、車の中でクラミジアを退治した。今は１錠飲めばＯＫという素晴らしい薬があるんだよね。これにて治療は終了。

そして役所へ、入籍しに向かった。私は生まれて初めて、苗字が変わることを体験した。というのも、最初の結婚の時は相手に婿に入ってもらったからである。私は苗字が変わる苦労を知らなかった。相手は職場での名前変更など、さぞや大変だったんだろうなと、今さらにして思いやりをもった。遅いわ！

とはいえ、公的なものの名前を変える最初の手続きが面倒なだけで、あとはそこまでの苦労はなかった。そもそも組織に属していないフリーランスだし、ペンネームと旧姓と本名という３つの名前を転がせばいい、ヤクザな稼業なもので。

こんな状況なので、結婚式も挙げず、パーティーなども一切やらず。

私は初めてではないので、結婚に関しての感慨も感動も要望も一切ない。彼は初婚なのだが、同様だった。

ただし、義親はかなり違和感をもっていたと思う。

ひとり息子の初めての結婚なのに、一切何もやらないということが、保守的な地方都市においてどれだけ異例なことか。私の親は、私の再婚にまったく興味がないので（１回目の時は、かなりうるさかったが）、本人たちの意志に任せるという。正直、私はそれどころじゃなかった。

仕事をしながら、5日に1回、下手したら毎日クリニックに通いながら、そして、高額な治療費を稼がなければいけない。結婚式だのパーティーだのにお金をかけるくらいなら、不妊治療に使いたかった。だって、たいしておいしくもない料理と、まったく似合わないドレスだの着物だのを着るためだけに大金を払うなんて、無駄以外の何ものでもない。

もうお察しかとは思うが、最初に会った時に義母にパンツをくださいという女である。そして結婚式もしない。静岡にもちっとも来ない。彼の実家では、完全に「キテレツな女」という称号をいただいたと自負している。

私自身は目的のために合理的に動きたいだけで、それを世間体に合わせる気はさらさらない。無理をすれば、必ず破綻する。

それが幸せだとは思っていないし、思えない。その結果、別居婚というスタイルに落ち着いたのだ。

この頃の私は、世間体とか慣習とか儀式とか、もうどうでもよかった。テレビで巨大な津波に飲み込まれていった町を、そして、爆発と目に見えない汚染で人間が入れなくなった町を見て、何が大切なのかを悟った。命だった。自分の命であり、彼の命であり、自分と彼の間に生まれてきて欲しい命だ。

そのために、最も効率よく合理的に動くことを最優先した。それが体外受精である。かくして、私の不妊治療は始まった。

不妊治療始めました、迷走し始めました

2011年5月に入籍し、苗字も新たに不妊治療を開始した。私39歳、夫46歳。クリニックは地下鉄で3駅、歩いても20分くらいで行ける距離だ。ここには全国から治療を受けに来る女性たちが大勢いて、キャリーバッグをゴロゴロさせてくる人もいた。朝8時の診察開始に合わせて、ちょっと早めの7時半に行ったのだが、受付番号は100番を超えていた……。こんな状況では、毎回診察までに相当時間がかかると覚悟した。行く時は必ず文庫本や雑誌を持っていくことにした。

血液検査を受けて、診察を受けるまでにほぼ3時間。午前中はほとんどとられる形になった。お勤めの人にはホントキツイだろうなぁ。スーツをびしっと着ている女性も多い。待合室はほぼ女性だが、時々男性も連れられて、所在なさげに座っている。ほとんどが若いというか、まあ30代だな。私は年長者のほうだったと思う。いや、若く見えるだけで私よりも年上の人もいたのかな。いずれにせよ、みんな沈痛な面持ちではある。

夫の精子はすでに採取・保存状態だ。次に必要なのは私の卵子である。排卵日に合わせて、採卵となるのだが、行くたびに採血して、エストロゲンやプロゲステロン、LHやFSHといったホルモン値を測定する。注射が苦手な人はそれだけでも苦痛である。私は注

射が嫌いじゃないが、毎回毎回面倒くさいのは否めない。血を採るためだけの通院で、しかも3〜4時間はかかる。もうこの段階からスケジュールがきちきちに縛られていく。張り切って行っても、エストロゲン値が低くて「採卵しても微妙ですね」と言われたこともあった。

大人になって、しかもフリーランスだと、数字や成績に一喜一憂することがあまりない。会社にお勤めの人はおそらく売上とか営業成績とか、常に数字と闘ってらっしゃるのだろうけれど。もちろん、自分が書いた本がちっとも売れずに5000部以上在庫を抱えたまま絶版とか、逆にバカ売れして増刷1万部とか、そういう数字とは付き合っている。

でも、不妊治療を始めると、自分の体の成績表が如実に出てくるのが非常に面白いし、なかなかにツライ。精子も濃度や量、運動率や奇形率といった成績が出てしまうし、卵子もいくつとれるか、しかもそのひとつひとつにグレードがつけられる。さらには、受精卵にも4段階評価がついていて、もうね、いちいち数字がついて回るんだよね。

もちろん、精子や卵子、受精卵の成績がイマイチで劣等生だったとしても、妊娠・出産することもあるし、超優等生でも妊娠しないこともある。それは医者からも言い聞かされた。成績表でいちいち落ち込まないこと。大器晩成型もあるんだぞと思うことにした。

不妊治療を始めた、と周囲に話したら、友人知人が本当にいろいろな情報を寄せてくれた。これは素直にありがたかった。すべてに飛びつくわけではないけれど、最先端医療を受けながらも、東洋医学にもちょいと手を出し始めたのだった。

激痛マッサージも受けました

採卵したら最後、かなりの頻度でクリニックに行かなければいけない。その前に、卵の質を上げられないかしらと目論んで、近所の激痛マッサージにも行ったのだ。言っておくが、卵の質なんて上げられないから。卵は私と同級生だから。若返りなんて無理だから。今は突き放して言えるのだが、当時はとにかくやってみようと思っていたようだ。

1回1万3500円の激痛鍼灸《しんきゅう》マッサージ。日記には「これでこの金額なら安い」と書いてある。もうすでに金銭感覚が麻痺している。足のスジというスジをゴリゴリと指の骨でこそげ落とされるようなマッサージだったが、施術してくれる女性が非常にやわらかい物腰で素敵な人だったから、そこまで苦痛ではなかった。

実は痛みにかなり強いほうである。注射も激痛マッサージも嫌いじゃない。体験取材で、乳首に針をぶっ刺して根元を立ち上げる陥没乳頭整形手術も受けたことがあるし、大腸内視鏡で腸内をくまなく検査したこともある。医療関係の仕事が多かったので、その分、レアな体験取材も多く経験している。

そういえば、32歳のときに卵巣嚢腫《のうしゅ》で腹腔鏡《ふくくうきょう》手術も受けている。痛みも苦しみも一切ない、良性の腫瘍だったが、右の卵巣が7センチになっていた。卵巣って、子宮本体とつながってる部分は微妙に細くて不安定だ。卵巣があまりに大きくなると、そこがねじれて茎《けい》捻転《ねんてん》を起こしてしまう。卵巣自体にもあまりよろしくないということで、腹腔鏡で腫瘍部分だけ切除したのだ。ただし、これは「不妊には直接関係ない」と言われたし、実際には排卵も起こって、卵子もとれたのだから問題なし。

何が言いたいのかというと、普通の女性に比べると、病院慣れしているというか、医療を受けることに何のためらいもないということだ。最先端の西洋医学も、美容医療も、そして東洋医学も。ほら、日本にはなぜか医療に対する拒否感のような土台があるでしょう？

「そんなことをして体に不自然じゃないのか」

とかね。自然派マインドってわからんでもないが、現代人にとっての自然体ってなんだろうなといつも思う。ピルは浸透しないし、婦人科の内診を恥ずかしがるどころか嫌がる人も多いし。医療は積み重ねた技術の結晶だから、私はなんの抵抗もないし、受けてみたいと思ってしまう。

そういえば、母に言われた。不妊治療を始めることを伝えたら、

「危なっかしいなぁ、大丈夫かいな」

と。母の世代では想像もつかない、何かこう黒魔術的な印象があるに違いない。女の世代間ギャップは、摩擦を起こしかねない。とはいえ、

「あんたが自分で決めたことだからね」

と言う。うん、あたい、やるよ。体外受精を。

夫は夫で孤軍奮闘

不妊治療は私ひとりで闘っていた、と思い込んでいた。これは夫の非協力を責めているのではなく、結局、男にはなんにもできないのである。協力したくても、何もできない。ハッキリ言って、それが現実だ。

こちとら時間とられて、ちょびっと痛い思いをしてるんだから、優しい言葉をかけてほしいとか、気遣っていたわってほしいとか、思うのが普通かもしれない。ところが我々、そもそも別居しているので日常生活にいない。この頃はまだスカイプを始めていなかったので、電話とメールでのやりとりだった。

私は採卵に向けて着々と孤軍奮闘していたのだが、夫は夫で傾きかけた家業をなんとかしようとひとりで闘っていた。老朽化した機械を新しく購入するためにウン百万、自転車操業でたまっていた借金を返しながらも再建に向けて、夫は自分の貯金をほぼほぼはたいてしまった。そして、今までパソコンに触ったこともないような人が、必死でＩＴと格闘している。そんな夫はいつも、

「俺には何もできません、ごめんなさい」

と言っていた。いやいや、生きていてくれてるだけで充分ですから。それよりも商売繁盛を考えてそちらこそ頑張ってください。そんな感じだったのだ。

もちろん、全面的に協力してくれたし、結構なむちゃぶりにも快く対応してくれた。採卵前に「ヒューナーテスト」なる検査も受けているのだが、これには夫が必要だったので、急遽《きょ》東京に呼び出した。

「新幹線に乗って今から来て！　そんでセックスしてくれ！」

と。突然の呼び出しにもかかわらず、種馬は新幹線に飛び乗ってやってきてくれた。

ヒューナーテストとは、要は診察の事前に、セックスして、中出しして、子宮の中に精子がどれくらい残っているかを調べる検査だ。これ、私は必要のない検査だと思っている。精子が元気かということがわかるだけで、必ずしも妊娠する太鼓判というわけではないし。

そもそもタイミングとか時間帯が悪ければ、健康であっても精子が残っていないことだってある。意味があるのかなぁと思っていたら、医者も同じようなことを言っていたっけ。

ひとりで闘っていたなんて書くと、非常に傲慢に聞こえるかもしれない。夫は遠くから適度な温度で見守ってくれていた。できることは何ひとつないけれど。そこをわかってくれているだけでありがたかった。もし一緒に住んでいたら、不妊治療に対する男女の温度差でキリキリしたかもしれないなぁ。

そんなこんなで、いよいよ採卵の準備段階へ突入した。私の卵子、齢《よわい》39。胎児の時から数えると、卵子はひとつ上の40歳である。ウシオノタマゴは果たしてとれるのか。無事に体外受精にこぎつけることができるだろうか。

鼻スプレーにアナルボルタレン

さて、採卵は生理がきた時から準備が始まる。生理3日目から排卵誘発剤を飲み始めて、10日目に点鼻薬（ブシュッと鼻にスプレーするホルモン剤）を使う。なんというか、卵子のボルテージを上げるために、これだけのことを採卵前にやってあげるのだ。

ただし、排卵は正確な時間がわからない。クリニックにつく前に排卵しては困るということで、時間を予測しつつ、突発的な排卵を抑えるために、肛門にボルタレン坐剤《ざざい》を挿入する。さんざん盛り上げといて、最後はちょっと待ったをかける方式だ。

そして、早朝クリニックへ。オペ室は超音波画像を見るために薄暗く、照明だけが煌々《こうこう》と陰部を照らす仕組み。実は、結構緊張した。それを察した若い看護師さんが、私の手をぎゅっと握ってくれて安心した。

採卵は、極細の針を腟から通して、腹膜を突き破り、卵を吸いとる。これが激痛という人もいれば、そうでない人もいる。痛みに強い私の感想としては、

「なんとなくいやーな鈍痛が腹の中に広がる」
「あきらかに今、腹膜刺しましたね、という感覚がわかる」程度だった。オペ室では複数のスタッフさんが声かけをしながら、私の名前と卵の数を確認しながら数えている。こっちも真剣だけど、向こうも真剣。だって、人の命の源をあずかってるわけだから。

　術後は、膣にガーゼをぎゅぎゅっと詰め込まれて終了。採卵自体はものの5分程度だ。しばらく安静にして、自分でこのガーゼを引き抜く。大判のハンカチ2枚分くらい。引き抜いているうちに意外と大きいガーゼだったと驚く。手品で口から万国旗をニョロニョロ出すやつ、あんな感じだ。膣から万国旗が出てきたらそれはそれで面白いなぁと引き抜きながら、ひとりで大笑いした。実際は血のついたガーゼなのだが。まだ笑う余裕があった。

　その後、培養士（医者じゃなくて専門職の人がいるんだよね）の話を聞く。今回とれた卵の状態と数、そして受精方法についての説明。結果としては、卵は4個とれたが、そのうち1個は未熟な様子で厳しそう。とはいえ念のため、4個に受精を施《ほどこ》すことになった。2個は顕微授精、残り2個はぶっかけ方式で。顕微授精とは、要は顕微鏡下で精子を卵子に注入する確実な方法、ぶっかけ方式は精子を卵子にそのままぶっかけるというものだ。

　この受精卵がどうなるか、翌日に判明する。そしていわゆる移植に入る。受精卵を子宮に送り込むのだ。もうここからは私の力が及ぶところではない。

翌日、受精卵がどうなったかというと、ぶっかけ方式のふたつは残念ながらうまく育たなかった。1個はそもそも卵が未熟だったこと、もう1個には精子が同時に2匹入っちゃって、ダメになったらしい。夫の精子たち、必死に頑張ったんだな……。でも結果、勇《いさ》み足。

さて、人間の手によって厳重に行われる顕微授精のほうはというと……。

卵のお家賃もかかるのよ

顕微授精のふたつは一応、着々と分裂をしている模様。なので、そのうちの活きのよさそうなほうを子宮に移植した。移植は別に痛くもかゆくもない。子宮に入れるだけなので、人工授精と同じようなものだ。これが人生初、第1回目の体外受精だった。

ここまで書くと、ひとつひとつのお値段が気になるところだろう。不妊治療は自由診療なので、クリニックによっては値段が驚くほど異なる。私が6年前に受けた、いちクリニックの、あくまで一例として見ていただければ。

まず、採卵・培養・移植がセットで32万円。

顕微授精2個で3万円。

残りの受精卵の培養＋凍結保存で12万円。

つまり、移植した6月25日に支払ったのは、その他費用も含めて、50万３９４７円。

この金額を「クッソ高いな!」と思うか、「まあそんなもんよね」と思うか。さすがに支払いのときはドキドキしたけどね。こんな高額を現金で払ったことなんかなかったし。

この卵の話を友人S子にしたところ、受精卵に名前をつけてくれた。珠(たま)ちゃんと添(てん)ちゃんである。中国語由来でなんかめでたい系らしい。珠ちゃんのほうを移植したわけだが、じゃあ、添ちゃんのほうは?

これがきちんとした管理の中、培養を続けて、「胚盤胞《はいばんほう》」(細胞分裂が進む)という状態まで育てば、冷凍保存となる。つまり、受精卵ストックができたというわけだ。でも、このストックにはお家賃もかかる。そりゃそうだ、特殊な技術で培養&保存しているわけだからね。こちらは確か半年間で5万円。

1回の採卵で2個しか受精卵ができなかったのは、少ないほうなのかもしれない。でも採卵できなかったケースもあると聞く。とりあえず、2個ゲットで喜んでおけ!

さて、移植後は絶賛想像妊娠である。医者から言われた確率は3割。受精卵が着床する率であって、決して出産に至る率ではない。不妊治療で遭遇する確率は、ちょっと気をつけてとらえるべきである。あくまで途中過程での数字であって、無事に出産する数字ではないということに気づかなければいけない。

とはいえ、もう完全に浮かれるんだよね。おなかに手を当てて話しかけたりして。姉に報告したところ、すでに子供の名前を考えてくれていた。

「男ならリオン、女ならガガはどうかね。あるいはラゴラもいいんじゃないか」

説明しておく。ちょうどこの時期、市川海老蔵が灰皿テキーラ事件を起こした時だった。暴行事件を起こしたのが伊藤リオンです。そしてレディー・ガガが来日していた時期です。ラゴラとは、ブッダの子。ちょうど東京新聞で五木寛之が「親鸞」を連載していた時期です。目にした名前を片っ端から言っただけ。姉、完全に遊んでいやがる。

珠ちゃん、育たず

7月7日、妊娠判定日。着床していれば、血液中のβ-hCGというホルモンがぐんと上がって100以上になるはず。はずだったが、数字ゼロ！ よりによってゼロ！ 妊娠どころか着床すらできなかった。潔《いさぎよ》すぎてあきらめがつく数値でもある。

珠ちゃんが鬼籍《きせき》に入ったことがわかると、途端におなかが減った。帰りに、とんかつ和幸で1枚780円もする国産ロースかつを購入。かつカレーにして食べた。

たった1回でうまくいくはずがないとは思いつつ、軽くショックを受ける。とはいえ、正直、どこかで「ホッ」とする自分もいる、と日記に書いている。なんだろう、この時の矛盾した気持ちは。妊娠したいのに、したくないのか？ 当の本人ですら自分の感情がわからない状況。

ただし、私の治療を応援してくれている友達たちには、「てへ、失敗♪」メールを送った。不妊治療の結果はなかなか本人には聞きにくいだろうし、妙な気遣いをさせると悪いなと思ったからだ。すると、残念会をやろうとか、酒を飲もうぜと皆が誘ってくれた。親友Yはわざわざ私の家の近くまで来てくれた。明るくおちゃらけていても、ホントは落ち込んでいることをわかっているからだ。

しかしだな、そう落ち込んでもいられない。というか、まだ冷凍ストックの添ちゃんがいるのだ。医者の話によれば、胚盤胞まで培養して冷凍保存していた受精卵のほうが、実は成績がよいというのを聞いていた。そこそこ育った状態の受精卵という点で、着床しやすいのだとか。そこを信じて、また生理3日目から通院するのだ！

ソウルメイトのTちゃんも、私の不妊治療をさらっと見守ってくれていたのだが、飲み屋でびしっと言ってくれたことがある。

「不妊治療の成功率なんて、いちいち数値を気にするのはナンセンス。できるかできないかで、50：50だと思わんか？」

おお、そうなんだよなぁ。根本を忘れて、自分に都合のいい数値ばかりを参考にしようとしても、徒労に終わるだけ。目からウロコだった。ホント、いい友達をもったと思う。

そして、どうやらもうひとり、そっと見守ってくれていた人がいる。母である。母も実家のカレンダーの判定日にマルをつけていたらしく（予想外！）、確認の電話がきたのだ。

私がテンション高めで「あはは、ダメでした〜」と伝えた。

すると、母は、

「あら、そう、残念。うちはパソコン捨てようとして、解体したら余計にお金がかかっちゃって、業者に7000円もとられちゃったのよ〜、じゃあね〜」

と言って、一方的に電話を切りやがった。当時、私は「地球は自分のために回っていると思っている母の存在は、なんだか心地よい」と思っていた。

ところが、後から考えてみると、母は相当気をもんでいたようなのだ。そして心配してくれていたのだと知る。

妊娠しました

その後、少なくとも5日に1度はクリニックへ行き、血液検査を受ける。ホルモン値をチェックして、妊娠できる態勢へともち込むのだ。そして、2回目の体外受精。朝9時に行って、終わったのは午後3時。仕込んでから何かが変わるわけでもなく、もりもりと仕事をしつつ、体調を万全に整えていた。近所の公園を歩いたりもした。

そして、2011年8月2日。妊娠判定日。陽性だった。2回目の体外受精で妊娠。生まれて初めての妊娠である。もう浮かれ始めている私に、医者は冷静に淡々と話した。

「妊娠陽性ではありますが、まだ予断は許さない状況ですからね」と。なんか病気みたいな言い方だ。きっと妊娠判定陽性で浮かれた後、うまくいかなくて落ち込んだ女性を何万人と診てきたのだろう。わかっちゃいるよ。わかっちゃいるけど、とりあえず嬉しい。

5日後、再びクリニックへ行き、妊娠状態を保てるよう、尻にホルモン注射を打つ。プロゲステロン製剤も飲む。また、プロゲステロンの腟坐剤も毎晩寝る前に挿入。ホルモンが足りないせいか、万全を期した状態にするのだ。そのせいか、体温が高い。暑い。

さらに5日後、超音波で胎嚢《たいのう》を確認。赤ちゃんが入る袋である。実感はなく、自分の体が今後どうなっていくのか、さっぱりわからない状況。アマゾンで「生命の神秘」とか「胎児の成長過程を撮った本」などを買い込んで、「腹の中では今こういう状況なのか！」と想像する。が、ちっとも可愛くない。

この頃、仕事をセーブするという考えはなく、むしろ気を紛らわせたくて、通常以上に仕事をしていた。取材に行き、対談に出て、原稿を書き。そうでないと、自分の腹の中のことばかり考えてしまって、仕方なかったから。

妊娠週数でいえば、5週1日。この妊娠週数って、よくわかっていなかったけれど、妊娠する前の生理から数える。「え、まだ仕込んでいないのに？」と思っちゃう。これ、妊娠した人は知っているだろうけれど、妊娠の「に」の字も考えてこなかった私は、ひどく感心した。毎月生理で苦しみながら、妊娠については何も知らなかったと思い知らされる。

そして、次の検診日。胎嚢は2倍になっているが、心拍が見えない。超音波で心拍が見えないと、育っているのかどうかわからないと言われる。不妊治療のクリニックの医者は、患者を決してぬか喜びをさせないよう、言葉選びにはとても慎重だ。下手に温かい言葉をかけるでもなく、冷たくあしらうでもなく、絶妙な温度と湿度で接してくれる。このクリニックでよかったなぁと思う。

それから5日後。超音波で見ても、胎嚢だけで心拍が見えず。血液検査の結果も妊娠を継続している状態とは言えないほど、数値が下がっていた。胎嚢だけできて中身が育たない「稽留《けいりゅう》流産」だった。

クリニックで、たくさんの女性がいる中で、泣いた。

流産ボイル

初めての妊娠、初めての流産。友達にはつとめて明るく報告した。

「渾身の捨て身のギャグ、流産ボイル（スーザン・ボイル：スコットランド出身の女性歌手）！」と笑ってごまかした。流産が告げられた日、午後は取材に出た。この予定が入っていて、逆によかった。中国情勢に詳しい人に話を聞く取材だったなぁ。

でも、翌日は1日家に引きこもって考えた。流産という結果に納得がいかなかった。もしかしたら誤診で、次回行ったら、「あら、びっくり、妊娠が続いていて順調ですよ！」なんて言われるんじゃないかと妄想した。別の産婦人科へ検診に行こうかと思うほど、私は気が狂っていた。

翌々日、母からも電話がかかってきた。妊娠したことを報告していたから。かなり心配してくれていたんだなぁ。期待もしてくれていたんだなぁと思うと、涙が止まらなかった。夫も電話口で、本当に優しい言葉を選んでくれた。心から感謝する。感謝するけど、今はひとりで泣かせておくれ。

その日の夜。真夏の暑い夜で、家の中に蝉《せみ》が2匹侵入する騒ぎがあった。蝉って家の中に入ってくるとマジうるさい。土の中で何年も頑張って、地上にデビューしても1週間かそこらで死んでしまう蝉。さすがに殺せない。ティッシュで掴んで、外に逃がすべく、1時間くらい奮闘した。

その時、ふと思った。この蝉たち、しかも2匹。あら、私の受精卵と同じじゃないか。そうか、うまくいかなかったけれど、蝉になって挨拶だけしにきたのか、と思った。バカでしょ？ そうです、この時、私は夏の狂人。少し弱り始めている蝉をようやく外へ逃がして、また泣いた。ひとりで泣いた。

医者から言われたのは「中絶手術」の提案だった。もう育つ見込みがないので、日程を決めて、掻爬《そうは》をしたほうが次の妊娠のためにも安心だと言われた。掻爬。すごい字面だ。文字通り、子宮の中の胎嚢をゴリッと掻《か》き出して、いったんリセットするという。

自然に流産するのを待つ方法もあるのだが、出血したり、子宮内が不穏な状態になるため、医者としては手術を勧めたいとのこと。ただ、手術日までの間に出血する可能性もあるので、出血したらすぐに来院するよう言われた。

手術までの時間は異様に長く感じた。通常通りの生活をしていたのだが、夜は眠れなかったようだ。もうこの時の痛みを思い出したくないせいか、私の記憶にはほとんどない。でも日記には「ツライ」と「涙」の連発だ。

前日に子宮口を広げるブツを挿入し、広がったら翌日処置。掻爬ってホントに物理的に掻き出すのだと知る。部分麻酔だったので感覚はわかる。思い出したくもない。この時の数日間、友達の前ではハイテンションだったが、ひとりになると涙が止まらなかった。

流産ってこういうことなのか

一度は妊娠して大喜びしたものの、喜びもつかの間、失ってしまう。これが流産というやつか、と思い知った。たった5週の流産でもこれだけ落ち込むのだから、もしもう少し順調に育ってからの流産だったら、相当キツイだろうな。不妊治療に関係なく、流産を経験した女性はとても多いと聞く。悲しみと悔しさをバネに、次の妊娠に向けて頑張る人もたくさんいる。

　たった一度の流産で挫《くじ》けた私はとても弱いです。根性ナシです。でもそんな自分を許したいです。ホルモンとテンションの乱高下に、正直、体も心も疲れました。それが事実。

　後から聞いて驚いたのだが、稽留流産で掻爬手術をする場合、全身麻酔をかける病院も多いんだってね。だから、数を数えて、はっと気づいたら手術が終わっていて、どんよりと下腹部が重い、で済むそう。

　私は部分麻酔だったので、掻き出す感覚を体験してしまった。さらに、手術中も涙が止まらなくて、悲しいやら悔しいやら情けないやら恥ずかしいやらで、精神的にも肉体的にも拷問だった。記憶から抹殺していたけれど、思い出そうとすると案外鮮明によみがえる。

　医者批判をするつもりはまったくないのだけれど、中絶手術を担当した医者が、非常に無愛想な男性で、冷酷に感じた。かすれ声の芸人に似ていたので、今でもあの芸人を見ると、うっすら嫌だなと思ってしまう。

　あの医者はテキパキと仕事をまっとうしただけで、非難すべきではない。自分が敏感になっているせいで、淡々と冷静に話している人を冷たいと感じてしまっただけだ。さらに、部分麻酔をかけているから痛いはずがないのに、痛みを感じた。痛みに強いはずの私が、物理的な掻爬の動きだけで痛いと勝手に感じたのだ。

でも、このうえなく温かい言葉で優しくされても、逆に涙が止まらなかったかもしれない。

手術の際の看護師さんがものすごくさりげなく優しかった。

たぶん、手術台に乗っかる前から鼻をすすって涙を流していた私を見て、フォローしなきゃと思ってくれたに違いない。でも、決して余計な言葉はかけない。ゴリゴリと掻き出している最中、私の手をそっと握っていてくれたのだ。優しくふんわりと。これにも、どうしようもなく泣けたんだよね。あの看護師さんにお礼を言いたい。お気遣いをありがとう、と。

その日は、私と同じように流産の手術をする女性たちが数名いた。顔と姿は見えないけれど、回復室ではすすり泣きの声がいくつも聞こえた。カーテン越しに、私もその輪唱に加わった。おいおいと声を出して泣くのではなく、無言で涙と鼻水が止まらない状態。なので、すする音の輪唱である。

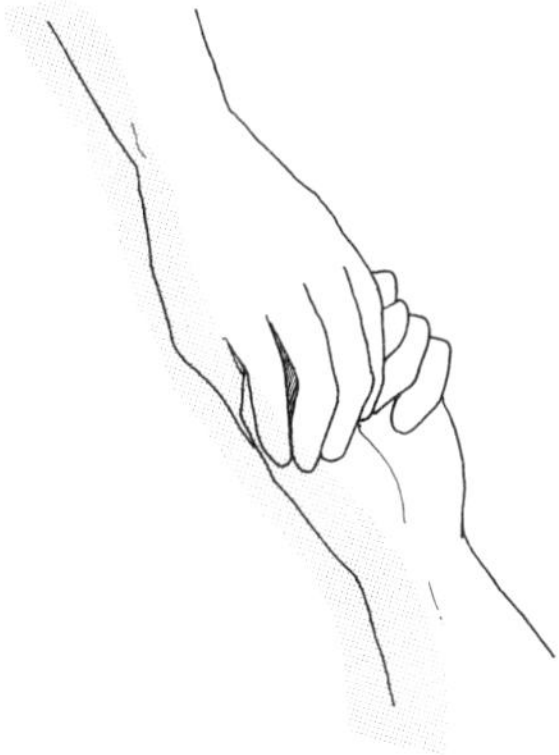

何人かの女性と輪唱をして、しばらく休んだ後、クリニックを出た。下腹部がずしんと重い。足取りも重い。9月5日でまだ暑い時季なのに、帰り道に汗は出なかった。

マイ・ネーム・イズ・ウーマン

アン・ルイスの『WOMAN《ウーマン》』は名曲だ。失恋ソングで、惚れた男への思いを断ち切る女の心情が描かれている歌だ。私はこの歌に別の思いを寄せてしまう。

「悲しみを身ごもって優しさに育てるの」

「女なら耐えられる痛みなのでしょう」

たぶん「身ごもって」というところが琴線に触れるのだと思う。流産の悲しみにひたるにはもってこいの歌なのだ。それでも生きてゆく。女として生きてゆく。私の名前は女。自分を奮起させてくれた歌でもある。

自分の中の悲しみと寂しさについて、考えてみる。この男の子供が欲しいと願って、手を尽くしたものの、自然体でもできず、医療の手を借りてもできなかった。何が悲しいのか、何が寂しいのか、何がそんなに私を泣かせたのか。

ひと言でいうならば、不全感である。この世の中では、たくさんの人がセックスして妊娠して出産していて、人間が生まれている。まあ、今の時代はセックスしなくても無事に生まれる。もっと言えば、愛がなくても生まれている。ものすごく単純に言えば、精子と卵子が出会って、受精卵となって、着床して、栄養が行き届けば、生まれている。

それが私にはできなかった。排卵日に合わせても、体の外でわざわざ受精卵までお膳立てして入れても、できなかった。「人様ができていることを自分はできない」という劣等感が悲しかったのである。

今までの挫折とはちょっと違う。行きたい大学に入れなくても、「勉強が足りなかったから」と怠けた自分を反省して切り替えた。出版社に就職したかったがI社も受からず、唯一受けた一般企業に落とされても、「逃した魚は大きいぞ」と強がった。今に見てろと思った。私はまだ本気出してないだけ、なんて開き直ることで、自分の弱さにフタをしてきた。

でも、産めないというのは、拭えない不全感だった。抗《あらが》えない事実というか、目の前にどーんと大きな壁が立ちはだかって、どうしても越えられないとひざをついた。流産した時はそう思った。うまく切り替えられない自分が不甲斐なかった。

手術を受けた後の数日間、日記を手繰ることにする。

翌日から女性誌の仕事で撮影をして、『週刊新潮』の原稿も書いていた。『日刊ゲンダイ』の原稿に、今は廃刊になってしまったファッション誌『GLAMOROUS《グラマラス》』（講談社）の原稿、日々刻々と締切があり、集中することで気を紛らわせた。

3日経った時、打ち合わせがあった。相手は男性で、仕事の予定をすり合わせた時に、「実は……妻が妊娠しまして」と言われた。「わー、おめでとうございます!!」と口に出したが、心の中ではこう思った。
「イヤだなぁ……今後、ずっとこういう知らせを聞かなきゃいけないのか」

家族連れを見るのがツラかった

休日は、日本全国どこでも、家族連れを見かける機会が増える。人がいないところであっても、日曜日のニュースでは「全国の行楽地は家族連れでにぎわっていました」という文言を聞くことになる。

父と母の間に子供、あるいは小さな赤ちゃんを抱いた母親、あるいはおなかの大きな妊婦さんとその夫、あるいは子供と母親と祖母の3人組。生殖に成功した人々のユニットは、しばらくまぶしくて見られなかった。家族連れが自分の視界に入ると、すぐに視線をずらしていた。

同じ顔をしたユニットに対して、「私はそのユニットを組むことができなかったよ……」とやるせない気持ちになったからだ。同じ事務所所属なのに、人気グループに入れなかったような感覚。自分はスポットライトを浴びることができないんだなと、打ちのめされた感じかな。

この心根、非常に説明が難しいのだけれど、「幸せそうだなコノヤロー」と、嫉妬や逆恨みする感覚とはちょっと違う。だって、嫉妬するほうが簡単だし、ラクだ。

「同じ顔して並んじゃって。マトリョーシカか！」

なんて茶化したり、毒づけばいいのだけれど、そんな軽口で済むものではない。

私はそこに行けない、到達できないんだ、という感覚で、「不可」というハンコを押されるような思い、といったらわかるだろうか。家族連れを見るたびに、私の下腹部に「不可」という小さなハンコが押されるのだ。押されるとチクッとする。

頑張れば、ある程度のモノは手に入る。信念をもって努力していれば、いつか報われる。それは「やる気がない人を鼓舞するための惹句《じゃっく》」であって、実はこの世の中には不可能なことがいくつもある。頑張っても手に入らないものもあるし、努力が報われるというのも確率は非常に低い。

そんな「救いようのないネガティブ」なことを考えたりして、精神衛生上よろしくなかった。だから、子連れが多い場所や、込み合う休日は外出を避けたりしていたかも。そうなると、徘徊するのがたいてい夜の街になるんだよね。子連れがほとんどいないから。

今？　今はそんなことない。

行きたいところへ行きたい時期に行きたい人と出かける。家族連れを見ても、ネガティブなことを考えなくなった。逆に、子連れのお母さんが困っていたら手助けしたいと思うようになったし、お父さんが小さな子供を抱っこして連れているのを見て、微笑む余裕も出てきた。普通に外出できますぜ。笑顔で闊歩できますぜ。

でもひとつだけ拭えないのは、小さなハンコである。チクッと押される、例のヤツ。以前はチクッとして、じわじわと広がっていたのがとてもイヤだった。最近はその時間も短くなってきているが、ハンコはしばらく続くみたい。45歳になった今でも。

別の話題にすり替えるのに必死

手術の後、生理が通常通り戻ってきた。出血量が多く、下腹部痛も強い。妊娠のことはできるだけ考えないようにしようと、仕事や旅行の予定をがんがん入れた。友達も気を遣ってあえて誘ってくれたのかもしれない。

ホームページで日記を書いているのだが、友人たちはそこを読んで私の近況を知ってくれている。そのせいか、みんな、優しい。

今思い返してみると、この2か月の間にあちこちへ出かけている。埼玉の奥地へアユを食べに行ったり、岡山県の犬島へ舞台を観に行ったり、滋賀の友人の別荘へ遊びに行ったり、京都へ観光に出かけたり。夫の友人たちと静岡の健康ランドへ泊まりに行ったり。女性誌の仕事で、韓国へ取材にも出かけている。姉と草津温泉に1週間の激安湯治旅にも出かけている。

ひとりになりたくなかったんだと思う。余計なことを考えたくなかったんだと思う。

とはいえ、子連れや家族と一緒に過ごすこともあった。子供を愛でるフリをしながら、まったく別の話題へとすり替えるのに必死だった。自分が話題の中心でなきゃイヤだという人がいるけれど、まさにあの時の私はそうだった。鼻持ちならない、イヤな女だっただろうな。

ペラッペラと得意げに自分のことばかり話す自分自身に嫌気がさす。家に帰ってから落ち込む。なんで一緒に笑いながら、子供や家族の話をできないのか。これ、一生続くんだろうか。あの不全感が私を狭量にした。

たかが不妊治療で失敗して流産しただけ。でも、お金をかけて再び治療を始めようとまでは気力がわかない。たった1回の流産で完全にすっぱりあきらめることができればよかったのだが、実際はそうでもなかった。40歳で自然妊娠する可能性もゼロではない、と頭の片隅で思っていた。だから、その後も避妊はしなかった。

中途半端なのだが、心のうちはこうだ。

「体外受精でもできなかったのだから、自然妊娠する確率は相当低い。それでも、もし妊娠するのであれば、きっと産め、という啓示なのだ」

ただし、別居婚だし、夫も干物屋の立て直しで精神的にかなり忙しい。排卵日付近に会えるときはできるだけセックスをしていたが、タイミングはそううまく合わない。

スパッとあきらめたのだったら潔いのだが、実際にはダラダラと「できたらいいな、でもできないだろうな」のモヤモヤ期が続いたのである。

日記を読み返しても、しばらくの間は「妄想妊娠↓生理がきてがっくり」を繰り返していたようだ。「妊娠してねーかな」「できてるかも」「もしや妊娠？」などの文言が徐々に減っていく。それよりも「生理きた」「腰が痛い」などの文末が目立つようになっていく。

人生最後の妄想妊娠は2014年9月。3年間はモヤモヤしていたんだな。

自分の体が教えてくれた踏ん切り

子供が欲しい病が完治したのはいつだったのか。「まだ妊娠できるかもしれない」と思わなくなったのはいつだったのか。これがまたハッキリしないのである。

2013年の10月には「もう疲れた、妄想妊娠」と書いてあるし、最後の妄想妊娠は2014年の9月。この時、特別に何かが起きたわけでもない。

流産の手術以降、生理が重くてしんどかったのだが、その痛みがかなり忌々《いまいま》しくなっていたようだ。

「産めないのになんでこんなに血が出るんだよ！」

「産めないいんだから、とっととあがってほしい」

「無用の長物」

自分の生理を呪い始めている。まあ、これも後遺症のようなものかな。昔から生理痛は重いほうだったが、妊娠しないとわかるとさらに憎たらしいものになってくる。

そして、気づいたら、どんどん縮小傾向になってきた。周期が乱れてきて、きたとしても潔い出血が始まらない。始まっても1日でほぼ終わり、あとはほとんど出てこない。

ああ、もう更年期が始まったのだなとわかる。つまり女性ホルモンの分泌が低下し始めていて、月経というシステムが乱れ始めているのだ。正直、子供を産まない人生としての踏ん切りが本当についたのは、この状態になってからだ。そんなことを書くと、30代の女性は絶望感を抱くかもしれない。

「そんなに長いことモヤモヤしなきゃいけないんですか!」

「34歳で子供が欲しいと思い、42歳までずっと踏ん切りがつかないなんて、ツラすぎる!」

って思うよね。でもね、私の場合はそうでした。

たとえば、禁煙もそうだ。タバコをスパッとやめられたとしても、実はずっと「タバコを吸う自分」がどこかにいるという。禁煙して20年たっても、いまだにタバコを吸う夢を見るという人もいる。だから、禁煙した人が超嫌煙家になる理由もちょっとだけわかる。

試験のように、正解の点数で評価され、線を引かれるならわかりやすいけれど、妊娠するかしないかというのは、本当に個人差がある。自分ではなかなかバシッと線引きできない。だからこそ、40歳を超えても頑張って不妊治療にトライし続ける人が大勢いるのだ。

中途半端ではあるけれど、不妊治療をやってみた自分、そして、長い間潔くあきらめられなかった自分は、カッコ悪いなぁと思う。思うけれど、カッコ悪い自分も受け入れた。竹を割ったような性格ではないし、決してサバサバした性格でもない。打たれ弱いし、すぐ逃げる。現実逃避して、別のことを考えようとする。でもそれも私なんだよね。

『WOMAN』の歌詞を再び噛みしめる。

「淋しさを身ごもって人生は始まるの」「後悔の涙ではないと誓えるわ」

母から義援金が届く

数日後、母から現金書留が届く。中には手紙が入っていた。母の字は筆圧が濃くて、ごつい。私の字も母の字に似ている。


手術を受けるとのこと、若い体にいかばかりの負担がかかるかを想像し、大変心配しています。

今後しばらくは安静にしていなくてはならないことと思います。

自分で決めたことをまっしぐらに進んでいる様子を万全の信頼をもって見てきました

が、時には危なっかしいなあ、大丈夫かいな！　と思うこともあるのよ。

手術の件はそのひとつで、いくら医学が進歩したとはいえ、体への影響はどうなのだろうと多少の不安があります。

ずいぶん、費用もかかったことでしょう。同封したものはほんのお見舞い。おいしいもの食べて又元気になって仕事頑張ってね。


母、泣かせるじゃねーか。2万円だか3万円だかを送ってくれたのだが、実は母も私の不妊治療に併走してくれていたのだと気づいた。もちろん、夫も姉も友達たちも。

さらには、当時吉田潮を応援してくれる女性たちも何人かいて、イベントなどにも遊びにきてくれたりした。その方たちからお手紙やメールもいただいた。彼女たちも不妊治療を経験していたから、とても温かい言葉をかけてくださった。女たちよ、本当にありがとう。そのありがたさに気づいただけでも、私は不妊治療をやって本当によかった。

その後、検診に行って、子宮からの出血も収まり、通常の状態に戻った。もし不妊治療を再開するなら、2回生理がきてから、という。続けるか否かを考えたが、中絶の経験であまりに打たれ弱い自分を知ってしまった。

また、再び採卵から始めて（受精卵ストックがもうないからね）、尻やら腟やらに薬を詰め込んで、一喜一憂して……ということを考える余裕がなくなってしまった。

自分の体に向き合ってきたつもりだったけれど、不妊治療による妊娠となると、ホント別もの。ホルモンによって左右され、ホルモンによって一喜一憂し、ホルモンによってスケジュールが刻まれる。つくづく、ものすごい優秀な化学物質を人間の体は製造しているんだなぁ……。

感心している場合ではない。それをまた繰り返すほどの根性がない。お金もない。しかも2回の生理を待っていたら、「40歳までに妊娠」という目標も微妙なラインだ。自分の弱さを知っちゃった今、テンションも上がらない。「そこまでして子供が欲しいか？」という命題に、自分自身が応えられない状況でもあった。

結局、不妊治療には75万円。妊娠出産本だの、激痛マッサージなども含めると、この一連の騒動で約80万円を使ったことになる。いろいろと知ることができたので、授業料は決してお高くなかったと思っている。

第4章 うらやましいけど妬ましくはない方向へ

息して屁こいて生きてることが奇跡

せっかく不妊治療を体験したので、単行本にできないかと考えた。何人かの編集者に口頭で企画を提案してみたところ、ごもっともな意見が返ってきた。

「もう少し大金つぎ込んでいただくか、あるいは産むことができたら、ぜひ」

こんな中途半端な体験で、80万ぽっちじゃ話にならないわけだ。世の中にはマンション一室買えるくらいつぎ込んでいる人もいるわけだし。あるいは出産というゴールまで辿りつかないと、カタルシスもないわけだ。成功談を聞きたいんだよね。

不妊治療中、生命の神秘とか胎児の成長過程とか、ポジティブになるための本もたくさん買ったが、実はとても参考になった本がある。『不妊治療、やめました。〜ふたり暮らしを決めた日〜』（ぶんか社）だ。著者は、漫画家夫妻、堀田あきお&かよである。タイミング法から始めて、人工授精、漢方治療、そして体外受精には手を出せず、子供をあきらめるまでの10年間を綴っている。

当時、不妊治療体験本は非常に多かった。でも、たいがいは「頑張ってよかった！　授かった！」系で、結果を出せた人の本か、医者目線の不妊治療推奨本だった。そんな中で、堀田夫妻の本は異彩を放っていた。あきらめるまでの闘いを決して美化したり、綺麗ごとにせずに、実直に描いているのだ。医療不信についても言及している。医者たちの心ない言葉に傷ついたらしい。医者との相性もホント大事だわ。

確かに当事者からすれば、あきらめた話は聞きたくない。頑張っている自分には必ずや成功が待っていると思いたい。それなのに、私は堀田夫妻の10年間のほうが知りたかった。治療失敗の先にある豊かさを知りたかったのだ。

堀田夫妻はふたりで生きていくことを決めてから、穏やかな日々を取り戻している。旅先で出会った女性は、子供ができず夫に先立たれたが、ひとりで海外旅行を楽しんでいる。ひとりは気楽でいいし、寂しくなったら旅に出るという。

「世界の広さを知ると自分の寂しさなんかどうでもよくなるものよ」

子供がいない気楽さを謳歌し、楽しく笑って過ごすこと。それに尽きる。そう思えた。

そもそもヒトの自然妊娠率は低い。健康な男女（20〜30代前半）がセックスして、自然に妊娠する確率は2〜3割だ。7〜8割は淘汰されているという事実。最先端の医療で体外受精をしたとしても、20〜30代前半の妊娠率はせいぜい3割。野球の打率と比べちゃいけないけど、若くて絶好調でも最高が3割打者というのと一緒だ。妊娠自体が実は「突発的な有事」であって、さらに出産まで至る確率はもっと減るわけだ。

もうさ、人間の存在自体が奇跡だよ、と思う。確率論からすれば、ものすごい淘汰があって、それでもサバイブしてきたのがヒトになる。不妊治療を受けたことで、自分自身が五体満足で生まれて、40年以上も息して屁こいて生きていること自体が奇跡だなと思えるようになった。妊娠は誰にでもできる所業ではないし、出産はもう神業の域。

そう考えると、陳腐な人間礼賛に入っちゃう。そして、親に改めて感謝しちゃうのだ。

あくまで一例、自分は自分

不妊治療をあきらめた、と話すと、さまざまな反応がくる。だいたいは「お疲れさま」とねぎらってくれるのだが、なかには、

「不妊治療をやめた途端に妊娠したって人も多いよ！」

「まだ40歳だからあきらめるのは早い。43歳で産んだ人もいるしね」

と応援してくれる人もいる。そうだよね、ホント、妊娠は人それぞれ。人には人の乳酸菌、じゃないけれど、いつどうやって妊娠して出産するかは人それぞれなんだよね。

でも、もう一喜一憂するのに疲れちゃったし、成功例はあくまで一例で、超レアケースだったりする。ごくまれなレアケースを基準にしてしまうと、ちとツライと思うんだよね。

それでも芸能人の「40歳過ぎてからの妊娠・出産！」が報道されるたびに、レアケースがレアケースでないように見えてしまう。ちょっとやめてよ～、と思う時期もあった。

ちょうど、不妊治療をやっていた時期に、テレビドラマでも高齢出産をテーマにした作

《文芸・文化・社会》

ワンピース攻略王	ワンピース世界研究所	741円
大相撲で解く「和」と「武」の国・日本	舞の海秀平	1100円
芸能人と文学賞	川口則弘	1450円
日本の敵	田母神俊雄	1400円
米中激戦！	藤井厳喜　飯柴智亮	1300円
もしもあなたがプリンセスになったら	今田美奈子　美内すずえ	1500円
ニャンと室町時代に行ってみた	もぐら	1150円
グローバリズム終焉	馬渕睦夫	1200円
首都圏発 戦国の城の歩き方	西股総生	1400円
地形で読み解く古代史	関裕二	1222円
ある吹部での出来事	菊池直恵（著）オザワ部長（監修）	1000円
勇気は、一瞬 後悔は、一生	10号室	1000円
赤い帝国・中国が滅びる日	福島香織	1400円
ハンバーガグー！	てぃ先生	1000円
世界が絶賛する日本	Japan's best編集部	1000円
大間違いのアメリカ合衆国	倉山満	1111円
701回通ってわかったディズニーシーで史上最高の1日を過ごす方法	みっこ	1200円
経済で読み解く明治維新	上念司	1111円

書名	著者	価格
愛国論	田原総一朗 百田尚樹	640円
上杉謙信の夢と野望	乃至政彦	722円

《占い・精神世界》

書名	著者	価格
六星占術 あなたの運命が変わる方位学	細木数子	1238円
先祖の祀り方	細木数子	1300円
運命の「絆」	細木数子	1300円

《競馬の本》

書名	著者	価格
闘魂！競馬攻略カレンダー2017【下半期編】	水上学	907円
社台系クラブの内幕を知ればこんなに馬券が獲れる！	野中香良 社台グループ研究会	907円

書名	著者	価格
アドラー心理学 実践入門	岸見一郎	600円
蘇我氏の正義 真説・大化の改新	関裕二	685円
ムーン・マジック	岡本翔子	1800円
奇跡を引き寄せる音のパワー	ジョナサン・ゴールドマン(著) 宇佐和通(訳)	1500円(CD付き)
馬券術 日刊コンピ 上流階級理論	浅田真人	1600円
成駿伝 孤独の◎は永遠に―	監修・「成駿伝」製作委員会	1852円

《趣味・実用書》

- ゴルフの組み立て方　深堀圭一郎　1050円
- ひざ痛が消える！魔法の5秒体操　中村弘志　1350円
- クラブの動きから理想のスイングを作る　関 雅史　1050円
- あきのズボラ家計簿　あき　1250円
- 慢性痛は自分で治せる！　伊藤和憲　1100円
- 頭痛は、1分でおさまる！　小林敬和　1300円

《ベスト新書》

- 日本の軍事力　中村秀樹　815円

- プロゴルファーはなぜ300yも飛ばせるのか　田中秀道　1050円
- 1日1分、2週間眼トレ 日比野&林田式　(著)日比野佐和子 (監修)林田康隆　1300円
- ショートゲームには上手くなる「順番」がある　藤田寛之　1050円
- 長友佑都 体幹×チューブトレーニング　長友佑都　1389円
- 長友佑都 体幹トレーニング20　長友佑都　1000円
- かざれる！あそべる！春夏秋冬おりがみおもちゃ　いまいみさ　1500円
- アドラーに学ぶ よく生きるために働くということ　岸見一郎　780円

品が重なっていた。NHK『マドンナ・ヴェルデ』と、TBS『生まれる。』である。『マドンナ・ヴェルデ』は、子宮を摘出した娘（国仲涼子）の代わりに、55歳の母・松坂慶子が代理出産をするという医療サスペンスでもあった。代理出産が認められていない日本で、秘密裏に行おうとする物語で、医学的にも社会的にも倫理的にも、緻密に作られていた。これは淡々と観ていた記憶がある。

『生まれる。』は、51歳の田中美佐子が最愛の夫を亡くした後で、妊娠していることがわかるという物語。こっちは「ちょっとやめてよ〜」である。51歳で自然妊娠……もちろん確率はゼロではないけれど、不妊治療をしている人間からすれば、「オイコラ、喧嘩売ってんのかい」である。イラッとしながら観ていたっけ。

問題点を微妙にずらす、というのがテレビ局の手法だ。正面きって、30〜40代の不妊治療を取り上げるドラマは、批判対象になりかねないし、非常に細心の注意が必要になる。かといって、10代の妊娠は『3年B組金八先生』（TBS）を皮切りに、手垢がつくほどやりつくされている。そこへきて、50代に妊娠させるという荒唐無稽な新しい手法ね。

一方、2時間ドラマでは相変わらず「女の恨みと罪悪感」が犯罪動機だったりもする。その昔、妊娠して中絶させられ棄てられた女が復讐に燃えるとか、産めなかった女の罪悪感を煽るものとかね。ま、それはそれで受けとめるけれども、どうしても女が何かを背負わされる設定が多いので、刷り込まれるなぁとつくづく思うのだ。

そして、翌2012年、NHKが衝撃的な番組を放った。NHKスペシャル『産みたいのに産めない～卵子老化の衝撃～』である。この番組で脅《おど》された女性たちが焦り始める。2008年に歌手の倖田來未が「35歳で羊水が腐る」発言で物議を醸《かも》した時は、「デリカシーがない」と倖田バッシングがわき起こった。が、個人攻撃で終わった。しかし、NHKが「35歳から卵子が老化する」ととり上げた途端、女たちは一気にザワつき始めたのだ。

女は焦る、男は選り好む

不妊治療をやっている人は、年齢と妊娠率の関係性をイヤというほど熟知している（と思う）。事実とデータを常に叩きつけられながら、満身創痍《まんしんそうい》でなんとか頑張っている。でも、自分が妊娠できるかどうか、トライアル＆エラーを体験していない女性は、「卵子老化」なんて聞いたら、そりゃビビるわな。焦るわな。

すべての責任を女性に押しつけた形になってしまったのが、この番組の問題点だったのではないか。卵子だけじゃなくて精子も老化するのにね。前述の獨協医科大学越谷病院泌尿器科の小堀善友先生いわく、

「精子も35歳から確実に老化します」

日々新鮮な精子を産生しているかのように思われがちだが、精子の数は34歳を分岐点に

減少するし、濃度や正常形態精子率は40歳を境に老化するという。

また、夫の年齢と妊娠率は海外でいくつも調査されているが、夫が35歳以上になると妊娠率が低下するというデータも。いろいろと総合すると、やはり精子も35歳くらいから老化するという結論だそう。

ところが、である。芸能人の年の差婚が相次ぎ、60歳以上の男性がパパに、などの報道も多い。「あっぱれ、よくやった」と男性の精力を褒め称えるばかりで、精子老化という事実は目立たなくなってしまう。これもあくまでレアケースと思ったほうがいい。

それでも「男はいつまでも妊娠させることができる、女は妊娠できる期限がある」という形で、全部女が背負い込んでしまっている。

また、この手の話が蔓延ると、婚活市場でも「選り好み」が始まる。男たちはとにもかくにも若い女を探すようになったという。ベストは20代、30代前半はギリギリか、35歳以上は選ばない。結局、女は背負わされ、はじかれてしまう。

妊娠も出産も子育ても、罪悪感も義務も責任も、女は一生背負わされ続けるのかと思うと、キツイよね。背負わされた荷物、ひとつでも下《お》ろしたいよね。

私はもう下ろした。頑張って背負ってみようと思ったけれど、荷が重すぎて、歩けなかった。なので、早々に下ろしてしまったよ。積極的に不妊治療を受けたのも、たぶん「産めないという科学的根拠」が欲しかったんだと思う。

子供が授からない夫婦は、心ない周囲（特に遠い親戚や会社の取引先などの外野）から「お子さんはまだ？」「孫の顔が見たい」「子供がいなくて寂しくない？」といつまで言われ続けるか。冷静に考えると、世間は妻の年齢で見極めているフシがある。20代、30代はとりあえず言われ続ける。40代になっても、まだ言われるだろう。「まだイケる」と。でも45歳になったら、ようやく口にしなくなる。やっと黙ったかコノヤローと思うと、自分は更年期に入るという……ウエルカム地獄。

私は「不妊治療やってダメでした！」と言える。このひと言でみな避けてくれる。印籠《いんろう》か。

印籠か、免罪符か

ハタと気づく。本当に子供が欲しくて不妊治療をやったのか。純粋な動機とは言えないまでも、子供が欲しかったのは事実だ。でも、どこかで言い訳のように利用している自分がいる。結婚していても子供がいないのは、産まなかったからではなく産めなかった、と言いたいだけなのではないか。

病気や障害に対しては、口をつぐむ傾向が強い日本において、私は逃げの一手を選んだのかもしれない。「産めなかった」ことを印籠のように振りかざす、あるいは免罪符として掲げたかったのだ。たぶん。

もちろん、自らの意志で「産まない」と言う人もいる。このご時世、なかなか言いづらいことだろうなと思う。ジジイの政治家の「女は産む機械」「産まない女に金は出さねー」などの暴言が許されてきた日本で、そして「子供は宝！」と礼賛せざるをえない世の中で、「産まない」と宣言するのは、強い意志と確固たる持論が必要だ。

作家の下重暁子《しもじゅうあきこ》が著書『若者よ、猛省しなさい』（集英社新書）の中で、こんなことを書いていていて、ハッと気づかされた。


私の場合、子供を作らなかったので最初から子供がいない。

「お子さんがいなくてお淋しいでしょう」

と言われるが、いないのが当たり前だから淋しさなど感じたことがない。自分で選んだのだから当然である。


なんでこんな当たり前のことに気づかなかったのだろう。そもそも、子供がいない状態がデフォルトなのに、なんで不在を寂しいというのか。寂しいだろうと周囲は決めつけるのだろうか。さらに、彼女は飼っていた猫が亡くなった時、愛するものを失う喪失感をイヤというほど味わったと書いている。いるものがいなくなったら、あったものが失われたら、こんなにツラく悲しいことはないが、そもそも子供がいないので寂しいとは思わないという。ホント、その通りだ。そしてそれは自分で選んで自分で決めたことだから、後悔もないと綴っている。

また、女優の山口智子も女性誌のインタビューで、産まない人生を選んだと話して話題になった。『FRaU《フラウ》』（講談社）2016年3月号だ。

「私はずっと『親』というものになりたくないと思って育ちました。私は、『子供のいる人生』とは違う人生を歩みたいなと」

私も本来はそっちだったはず。このふたりほど、潔く、強く断言するほどの知性と覚悟はなかったとしても、基本的には子供をもつ自分に違和感があったはずだ。子供が苦手で、子供のいる将来を考えたこともなかったのに、なぜか「子供が欲しい病」にかかってしまったのだ。たぶん、流行り病みたいなものだったんだ。

不妊治療で失ったもの

女家族、女友達、夫の優しさを再確認し、生きていることを親に感謝し、こうして無事

郵 便 は が き

お手数ですが
52円分切手を
お貼りください

1 7 0 - 8 4 5 7

東京都豊島区南大塚
2-29-7
KKベストセラーズ
書籍編集部行

おところ 〒

Eメール @ TEL ( )

(フリガナ)
おなまえ

年齢 歳
性別 男・女

ご職業
会社員
公務員
教 職 (小、中、高、大、その他)
無 職 (主婦、家事、その他)
学生 (小、中、高、大、その他)
自営
パート・アルバイト
その他 ( )

愛読者カード

このハガキにご記入頂きました個人情報は、今後の新刊企画・読者サービスの参考、ならびに弊社からの各種ご案内に利用させて頂きます。

●本書の書名

●お買い求めの動機をお聞かせください。

1. 著者が好きだから　2. タイトルに惹かれて　3. 内容がおもしろそうだから
4. 装丁がよかったから　5. 友人、知人にすすめられて　6. 小社HP
7. 新聞広告（朝、読、毎、日経、産経、他）　8. WEBで（サイト名　　　　）
9. 書評やTVで見て（　　　　）　10. その他（　　　　）

●本書について率直なご意見、ご感想をお聞かせください。

●定期的にご覧になっているTV番組・雑誌もしくはWEBサイトをお聞かせください。
（　　　　）

●月何冊くらい本を読みますか。
（　　　　冊）

●本書をお求めになった書店名をお聞かせください。
（　　　　）

●最近読んでおもしろかった本は何ですか。
（　　　　）

●お好きな作家をお聞かせください。
（　　　　）

●今後お読みになりたい著者、テーマなどをお聞かせください。

ご記入ありがとうございました。著者イベント等、小社刊行書籍の情報を書籍編集部 HP（www.kkbooks.jp）にのせております。ぜひご覧ください。

に元がとれるかもしれない単行本も書いている。不妊治療で得たものは結構多い。では、失ったものは何か。

たぶん、純粋に肉体の快楽である。30代まであれだけ楽しんでいたセックスが、不妊治療を機に、変質した。ちょっとトーンダウンしてしまった。もちろん、気持ちがいいことは気持ちがいいのだが、あの頃には戻れないと思う。長きにわたって、生殖目的のセックスを頭で考えてしまう生活を送ったために、私は純粋な快楽を失った。

「いい年してそんなのどうでもいいじゃない！」

と怒る人もいるかもしれない。でも、私はとても悔しい。一度鎌首をもたげた理性と、産めなかった悔しさと、体感した不全感は、以前のような、我を忘れる感覚をどうしても邪魔する。常に頭のどこかにこびりついている。本当に純粋に快楽を貪《むさぼ》る、素直な自分がどうしても戻ってこない。それが寂しい。つまり、不妊治療のおかげで、性欲と快楽と情熱を失ったのだ。

そもそもセックスは人類の普遍的なテーマだ。しなくても死にはしないが、したい人は世界中にいる。楽しんでいる人もたくさんいれば、苦痛を感じている人もたくさんいる。どんなに世界中の若者のセックス離れが叫ばれているとはいえ、なくなることはない。戦争と同じだね。戦争はなくなってほしいが、セックスはなくなってはいけない。

こんなに万国共通の万能なテーマだからこそ、ライフワークだと思っていたが、自分の中では冷め始めている。なんだかご隠居さんの気分である。

今はたぶんリハビリ中だ。いつか戻ってくると信じている。信じているのだが、その前にホルモンに翻弄される更年期がやってきそうだ。この大波を乗り切ったら、また楽しいセックスができるようになりたい。

そして、もうひとつ。妊娠・出産の難しさを体感してしまったがために、女友達に対してはデリカシーがなくなった。

特に「子供が欲しい」という30代後半独身に対しては、

「本当に欲しいならできるだけ早いほうがいい！」

と煽ってしまう。さらに、態度や動向がハッキリしない男に惚れてしまってモヤモヤしている女や、結婚を前提にしないお付き合い（ま、不倫だね）をしている女には、

「そんなクソ男やめちゃいな。無駄に付き合ってる時間はねえぞ！」

と脅してしまう。なんだこの先輩風は。自分だって精神的に深爪状態だったくせに。

でも、結婚は「いつでも・どこでも・誰とでも」できる。妊娠・出産はそうはいかない。厳しい現実を叩きつけられた悔しさを、年下の女たちになすりつけていないか？　厳しい現実は私だけに起こったことなのに。

これは「不妊マウンティング」かもしれない。ホント、イヤな女だ、私は。

黒い潮、噴き出していいですか？

実は、先輩ヅラして「子供が欲しいなら早いほうがいいよ」なんて話をした直後に、みんなポコポコ妊娠したりもする。ホント、ポッコポコ。にこやかにオメデトーと言いながらも、内心ではコノヤローと思っている。チキショーとも思っている。

「あたしはこうなったから、あんたもこうなるよ！」

って、ほぼ呪いだ。私は女友達に呪いをかけていたのだ。

でも、どうでもいい石女の呪いなんぞ、みんな心地よく振り払って、振り切って、子供を産んでいる。もう呪いをかけるのはやめたい。酔っぱらうと呪いをかけてしまう癖があるようだ。

私のような、姉御肌ふうに先輩風吹かすタイプの女が飲み屋にいたら、要注意だ。自分の体験と失敗談を教訓のように話し始めたら、笑顔で対面しながらも全力で逃走してほしい。

不妊治療経験者の話が聞きたい人もいっぱいいるだろうけれど、基本的には聞かないほうがいい。ネットの体験談もしかり。人それぞれの感覚と体験と思い入れがあり、そこにはかなりの隔たりと差があるからだ。

黒い潮が漏れ出てしまったついでに、もう少し心の闇を吐き出そう。

一時期、本当にどす黒い潮がいた。

日記には呪詛《じゅそ》が満タンの時期もある。ここは、友達には読んでほしくないところでもある。

知人が妊娠した話を聞くと、心の中にざらっとしたものが生じていた。つとめて客観的にそのざらっとしたものを言語化したいのだけれど、うまく言い表せない。嫉妬なのか、悔しさなのか、あきらめた自分への嘲笑や憐みか、憧れなのか。大人のフリして「おめでとう」と言っても、心の底からは祝福していなかった。

そして、知人が流産した話を聞くと、そっと見守りながらも、どこかでホッとした。ごめん、本当に私は鬼畜だ。でもおいていかないで、という気持ちが生まれるのを、自分ではコントロールできなかった。抑え切れなかった。

さらに、子育ての話ばかりする人とは、距離をおくようになった。共通言語がない、と勝手に思い込んでいた。自分からシャッターを下ろしてしまっているだけなのに。

携帯の待ち受けにある子供の写真、年賀状の家族写真、子供の予定で自分の予定が決まる女、イクメン気取りの男、子供のことばかりつぶやく人、子連れで広がって歩く女たち、クソ生意気な子役が出るドラマ、芸能人の妊娠報道……すべてを妬んで呪いをかける自分がいた。このままでは自分は性根が腐ってしまうと思った。

どうにかして発想の転換をしなければ、ニッポン放送の『テレフォン人生相談』に電話をかけてくる、ちょっとずれていて、ヤバイ人になってしまう。加藤諦三《たいぞう》先生や今井通子《みちこ》先生に、「自己中心的な人は得てして被害者の顔をする」なんて、うまいことまとめられてしまう！

発想の転換、呪いの解き方

人を呪わば穴ふたつ。もうやめようと思った時の発想転換法を記しておきたい。これ、子供が欲しかったけどできなかった人、子供がいない既婚者、子供が苦手な人の救いになるといいな。呪われるほうじゃなくて、つい呪ってしまう自分を責めないためにも。

●サンキュー、納税者

まず、子供に感謝する。あの子たちは私が将来年金暮らし（年金なんて死ぬまでもらえないかもしれないけれど）になった時の、社会の担い手、税金を支払う人たちだと思うようにした。私はベビーブーマーで、ものすごい数の同い年・同世代がいるけれど、彼ら彼女たちは圧倒的に少ない。少ない人数でまかなうことを考えると、ありがたい以外の何ものでもない。子供に遭遇したら、「サンキュー、未来の納税者！」と思うようにしている。

●こんな母ちゃんだったら最高！

妊娠して出産という偉業を成し遂げた女性たちを、自分の母親と思う「子供目線」になってみる。幸いなことに、私の周りにはカッコイイ母がたくさんいる。自分を犠牲にして愚痴をためるような女はいなくて、いつも自分が主語である。たとえ、仕事やキャリアを犠牲にしたとしても、まったく別の生きざま、自身が納得のいく人生を送っている。

「ああ、こんな母ちゃんだったら、まっとうな性教育してくれるだろうな」

「この人に育てられたら、私、官僚になれるかも！」

「このＤＮＡいいなぁ～、ここの家に生まれたかったなぁ」

あえてその境遇を妄想してみると、意外と楽しかったりする。

●脳内「生き別れの母」プレイ

子供と接する時、生き別れになった産みの親プレイ（脳内）をしてみる。私はわけあって育てることができなかったけれど、まっとうに育ててもらってるんだわ、と思うようにする。遠くからそっと見守る優しい産みの母でもいいし、ガッサガサに乾き切って、やさぐれた産みの母でもいい。都合のいい時だけそっと脳内母プレイ。

●大家族モノで解消

我が家（実家）では、毎年正月はテレ朝の『痛快!! ビッグダディ』祭りだった。あれ、総集編を元日にやっていたのよね。でも、ビッグダディんちはいろいろとありすぎて、清さん（ビッグダディ）も芸能人になっちゃったせいか、放送しなくなってしまった。

なので、今は日テレの『石田さんチ』やテレ東の『渡津家《わたづ》』シリーズでカバーしている。大家族モノを観ると、子育ての大変さと子供に期待しない諦観《ていかん》のようなものを得られる。疑似子育てを体験して、その厳しさが自分の人生ではないことに安堵し、溜飲《りゅういん》を下げる。

ただ、大家族の子供たちもかなり成長して、成人になったところも多い。仕事がうまくいかないとか、介護問題や離婚の問題なども抱えている。もうヤンチャな子供を画面で観るというよりは、『ＮＨＫスペシャル』や『クローズアップ現代』気分だ。

ちなみに石田さんチでは、猫好きな次女（結婚願望ゼロ）を末永く見守っていきたい。

うらやましいけど妬ましくはない方向へ

●誰もがオトナの事情と宣伝戦略

ＳＮＳで子供のことや子育てについて書いている人は多い。無垢《むく》な子供の驚異の発想、人間の真理を学ぶというものも多い。いいなぁ、うらやましいなぁと思う前に、逞《たくま》しき「あきんど（商人）マインド」だと思うようにしている。

つまり、これらは決して「子供がいるから幸せ」アピールではなく、戦略なのだと思うようにした。子供を利用して、自分の仕事の営業活動を促進しているのだ。

自分の仕事を増やすために宣伝活動をするのは、当たり前のことだ。大人の戦略として、どんどんするべきだと思う。そこにたまたま子供がいただけ。何もマウンティングしようとしているのではなく、えげつない商業活動だと思えばいい。

そう思えたのは、ある知人男性（俳優）のツイッターのつぶやきについて、本人と話した時に意外な答えが返ってきたからだ。

その人は、とにかく洗濯の話をつぶやく。晴れた日はとにかく毎日洗濯から始まっている。洗濯ばっかりしてるのね、と聞いたら、

「あれは専業主夫層を取り込むための戦略です」

と言ったのだ。いや、実際に洗濯もしているのだが、ははーん、なるほどと思った。

妊活は妊活中の支持層を、出産は出産前後の妊婦さんの支持層を、専業主婦は専業主婦層を、自民党は大企業と高額所得者層を、共産党はインテリ庶民層を。ターゲットを絞り込むための戦略的宣伝活動と思うと、心のザラつきは滑らかになめされていく。逆にあっぱれ、と思うし、その「あきんどマインド」を見習いたいと思うようになるから。

もちろん、ここでまた別の羨望の芽と呪いの言葉が出てしまうこともある。「子供ネタ・子育てネタで稼ぎやがって。ママタレ・パパタレ気取りでコノヤロー」……そこは理性で抑えよう。黒い自分を飼い馴らせ。子供ネタ・子育てネタに勝る豊富なネタを自ら探せばいい。

●家族主義をやめてみる

30年、40年、さらにもっと生きている人に問うてみる。

「今までの人生、家族と過ごしている時間と、そうでない時間、どっちが長いですか？」

私は断然そうでない時間のほうが長い。

結婚しても夫と一緒にいる時間よりも友達といる時間や仕事をしている時間のほうが断然長い。家族がいるありがたみは充分わかっちゃいるし、愛しているけれど、実際はあまり頼りにしてはいない。頼りというか、依存と言うべきかな。健康だからこその傲慢かもしれないけれど、なんとなくひとりで生きていると思っている。

家族がいちばんと胸を張って言わない自分もいる。

もっと言うと、長年連れ添った夫婦が「お父さん」「お母さん」と呼び合うのもなんかイヤだ。親がいて子供がいて、というユニットを世の中の基準に考えるからツライのであって、ひとりひとりが男として女として、ピンで成立していると考えてみたらどうか。

ピンとして成立していない人は、たいがい主語がなくて話がつまらないしね。

母になると課されるものがまた増える

母になれなかったけれど、母になったらなったで、世の中はさらに手厳しいようだ。だって、母親に課せられるものが想像以上に大きいから。

これだけライフスタイルも経済事情も女の生きざまも変わって、選挙権すら与えられていなかった時代からすれば、天国と言う人もいるだろう。男女雇用機会均等法以前に、働く女として闘ってきた先輩女性たちも、今はいいよね、と思うかもしれない。

でも、子育てをしている母たちから話を聞いてみると、やはりまだまだ「理想の母像」なるものに縛りつけられているフシがある。保育園や幼稚園の通園バッグはできれば母の手作りで、既製品を持たされた子供はかわいそう、という空気があるらしい。

既製品のほうがいいじゃん、と子供は思っているかもしれない。私自身、母の手作りよりも既製品のほうがカッコイイなとずっと思っていた。母には悪いけど。

母はいろいろなことにチャレンジして、手作りという名の愛情を注《そそ》いでくれたことは確かだ。ただ、いかんせん、雑だった。大雑把《おおざっぱ》なところもあって、詰めが甘かったりもする。

ジャージの膝《ひざ》に穴が空いてしまったとき、母が気づいて縫っておいてくれた。ところが、穴を閉じようとして四方八方から糸で強烈に縫い縮めたために、なんというか、見た目が

「肛門」みたいになっていた。共布を当てて周囲を縫うという考えはなかったようだ。これからは自分で縫おうと決めた。結局自分でやっても肛門になっていたのだけれど。

もちろん、子供が手作りを欲するならば、話は別だ。そこは時間とお金と子供の要望と、そして自分がどうしたいのか、で決めるといい。やりたくない、面倒くさいと思っているのであれば、妥協案を提示すればいい。

そして、母という生き物は清楚で落ち着いていなければならないようだ。この日本では。古くからの友人Dは、わりと露出の激しいデザインの服が好きだった。へそや肩を出す、布地の面積が少ない服が好きだったし、それが細身の体にとても似合っていた。

ところが彼女が子供を産み、子供が幼稚園に入ると、周囲の母親たちから服装のことを言われたという。着たくもない地味でもっさいダサイ服を強要されたのだ。さらには、もともと色素が薄くて、髪が茶色っぽいのに、真っ黒に染めさせられたと言っていた。子供のために、彼女は自分の感覚とセンスとファッション的な主語を封印した。

子供のために時間もお金も主語も奪われて、それでも母として品よく清楚に振る舞わなければいけない。この呪縛はいつまで続くのだろうかと考えてしまう。

たぶん、日本では子供が成人しても続くと思う。たとえば、夫と死別あるいは離別した母親の再婚に、子供が口を出すという話もよく聞く。親の恋愛に子供が口を出すなんて。

母になったら最後、自分の好きな服も着られず、恋もできず、自由も奪われ、聖母のように過ごさなくてはいけないのか。

幸いなことに、母になれなかった私には何も課されていない。良妻賢母とは真逆のキテレツ女として、主語が自分の自由な時間を謳歌している。子供を産めなくてよかったと思う。

養子縁組とシャワー落下事件

不妊治療をあきらめた、という話をすると、「養子縁組は考えなかったの？」と言われることもある。考えなかったわけではない。うっすら調べたことはある。その時、養子縁組の条件を見て、びっくりして即あきらめたのだ。

当時、私が調べたところ（これがまた調査が甘くて浅かったのだが）、養子縁組の条件は「子育ての経験がある」「専業主婦」「夫婦同居」と書いてあったのだ。ありゃ、全然無理じゃん！　私のような者はお呼びでないと早々にあきらめた記憶がある。

ところが、数年経ってから、これまたいろいろな話を聞いた。「それは公の特別養子縁組の条件であって、今はいろいろなルートがあるんだよ」と。

確かに、今はさまざまな形で養子を迎えることができるようだ。いや、私が検索した当時もそうだったのだろう。でも、そこまで子供が欲しいかと問われると、ＮＯだった。私は妊娠して自分で子供を産みたかったのだ。妊娠と出産という、ホルモンの強烈な変動を体感したかった。血のつながり云々《うんぬん》の話ではなく、体験として出産したかった。

それが無理だとわかると、実に早々とあきらめた。もう考えるのがイヤだった。そもそもあまり考えるのが得意ではない。これはたぶん私の悪い癖で、要するに根性がないのだ。

まったく関係ないことなのだが、自分の根性のなさ、あきらめの速さを痛感した事件がある。友人Cとベトナムへ旅行に行った時のことだ。

ベトナムは急成長を遂げている。お椀のようなひとり用の舟で魚を獲っている、古典的な漁業町にも、リゾート地開発の手が一気に伸びている。私たちが泊まったところも、その急激な観光地ニーズに応えるべく、見た目はオサレな新興リゾートホテルだった。

ところが、浴室の排水の動線があまりにひどい。シャワーを浴びているだけで、広い浴室の床に水があふれるようなところだった。しかも、私がシャワーを浴びていたら、天井に備えつけのシャワーヘッド（30センチ×30センチのステンレス製の板で、10キロ弱の塊）がガコンと外れて、私の頭を直撃し、足の上に落ちたのだ。

え、こんなオサレなリゾートホテルでシャワーが外れるなんて！　安普請《やすぶしん》にもほどがある。後から聞いたらどうやら中国資本のホテルだったので推して知るべし、ではあるが。

私は怒りよりも笑いが止まらなかった。通常のホテルだったらありえない。天井からシャワーが外れて落ちるなんて、こりゃ最高のネタになったわ、と思ったのだ。

しかしながら、当たりどころが悪かったら死んでもおかしくない。ステンレスの角が直撃すれば、流血の大惨事だろうし、足も骨が折れたかもしれない。友人Cは私の叫び声を聞いて、駆けつけると同時に、怒り狂った。フロントに猛抗議して、部屋を替えさせて、さらにはレストランでの飲食代金をタダにするよう交渉してくれたのだ。

私の中では「これだから中国資本の安普請は（笑）」くらいで、被害を苦手な英語で訴える面倒くささや手間を考えると、あきらめるほうがラクだと思った。友人Cの猛抗議のおかげで結果的に得したのだが、ふと自分の不妊治療と同じだと思ってしまった。

子供はいらないと公言できるか

女優の山口智子のように、「子供はいらない・つくらない」と公言できる女はどれくらいいるだろうか。実は、潜在数は思った以上にいる。ただし、公言しないだけであって、心の中ではそう思っている。

もうひとついえば、山口智子はかなり年齢を重ねてからの公言である。20代30代の時に同じことを言えたかどうか。言えなかっただろうし、言えなかった分だけかなりツライ思いもしたのだと推測できる。

知人女性（30代前半）が離婚した。理由は「夫が子供を欲しがったから」。もともと子供はいらない・つくらないという同意のもとに結婚したのだが、夫が変わったからだという。

周囲に妊娠出産ラッシュが起こり、子供はつくらないという方向でユニットを組んだにもかかわらず、夫は「子供が欲しい病」にかかってしまった。彼女の意志は変わらなかった。子供が欲しいと思う人と結婚してください、と晴れて離婚したそうだ。

そもそも彼女はなぜ子供をいらないと思ったのか。本当の根っこの部分はわからないが、夫が家事に非協力的な人間だと結婚前からわかっていたという。一日中ゲームをやっているような夫だったらしい。もし子供を産んでも、育児どころか家事もすべての負担が自分にかかることが目に見えていた。そんな人生はイヤだと思ったようだ。

この「子供が欲しい病」は女性だけでなく男性もかかるものだ。周囲が子育てに目覚め始めると、うらやましくなる。まるで「友達が持っているオモチャ」と同じように自分も欲しくなる。

自分の配偶者も同じ気持ちになっているのであれば、問題はない。ただし、実際にはこの温度が同じように盛り上がれない夫婦のほうが多いと思う。

夫婦といえども、しょせん紙の上だけだ。何が起こるかわからないし、気持ちがいつ変わるかも予測不能。お互いに同じ方向を向いて歩いていると思ったら、まったく速度が違ったとか、大きな道路だけを選んでいて飽きてしまったとか、後ろ向きに進み始めたとか、夫婦不和の例はたくさんある。

こと子供に関しては、ひざを突き合わせてとことん話し合うべきだ。それでも合わなければ、離婚するほうがお互いの幸せだと思う。

前述の離婚してスッキリした彼女は、独身の妹と暮らし始めた。妹には結婚願望がーミリもない。「結婚して幸せになるのは奇跡だと思うんです。だって周りには失敗例が多すぎて、しかも結婚してからずーっとイライラしている女のほうが多いから」

子供が欲しくない人は、60歳を超えてから結婚するといいのではないかと思った。面倒くさい親もくたばった後で、子供をつくる・つくらないで意見の相違が生じることもないし、ある程度の貯えもあるだろうし、相手を慮る精神的余裕もある。

とうとうあの阿川佐和子が結婚したという話を聞いて、そういう選択肢もあるのだと教えてもらった気がする。

不倫も貫けば純愛、初婚も還暦過ぎれば平穏。そう思わない？

石女という差別用語

この本の原稿を書いている最中に、いろいろな出版社の編集者と飲む機会があった。この飲み会の括《くく》りとしては「エロ本にかかわっている編集者の会」である。辰巳出版、作品社、徳間書店、小学館、集英社、フランス書院、週刊読書人、日刊ゲンダイ、新潮社……

日本のエロを支える優秀な変態編集者の会だ。私は編集者ではないけれど、エロに関する本を出したことがあるというだけで、ちゃっかり混ぜてもらって、毎回、いろいろな話を聞かせてもらっている。

そこで、お知恵拝借と思い、「産まない人生」と「石女」についてご意見頂戴した。当初、私は本のタイトルに「石女」という言葉を入れたらどうかと、思っていたのだ。

そもそも「石女＝うまずめ」はネガティブなイメージだから、本のタイトルにはあまりよくないと言われた。ルサンチマン（怨み）しか煽らないのではないかと。そして、石女はある種の特権階級に限った言葉かもしれないと教えてもらった。要は、家に跡継ぎが必要で、お家断続の危機を遺憾とする、限られたいけすかない特権階級層がつけた差別用語だという。なるほど。さらに話は続く。

「3年子なしは立ち去れ」と脅迫された女性たちは、全国の子宝の湯へと送り込まれたりした。その湯につかると、その後で妊娠するという噂が広まる。みなこぞって子宝の湯と言われるところへ行く。

温泉につかったから妊娠する……わけがない。温泉場には「三助《さんすけ》」と呼ばれる万能使用人がいる。湯の管理、清掃、垢《あか》すりやマッサージなど客のケアも含めて、働く男たちだ。石女と呼ばれて傷ついた女たちは、この三助に世話になる。当然、夫は同行していない。

つまり、三助とセックスをする。だから妊娠した、という説があるそうだ。そして、子供を産み、お家断絶の危機はまぬがれる……。血のつながりよりも家の存続を重視する時代があったのだ。

　そもそも江戸時代までは庶民はもっと自由で、性を謳歌していたし、DNA至上主義ではなかったはずという。なんか、目からウロコがぼろぼろ落ちた。

　三助とセックスしても授からなかった女たちは、家を去った。去った後、どう生きたのか。出戻り熟女として、もしかしたら村で人気の夜這いババアになったかもしれない。村の若者たちの筆おろしに積極的に協力し、男たちから感謝され、幸せな人生を歩んだかもしれない。決してルサンチマンだけではなかったんじゃないかなと思いを馳《は》せてみた。

　平成の石女としては、もうちょっとポジティブにとらえたい。

　石のように固くて、変質しない意志の女。

　川底に沈みながらも、ゆく川の流れは絶えずして、しかも、元の水にあらず、と悟る女。

　熱すれば芋もビビンパも焼ける、臨機応変な女。

　磨けば光り輝くこともあるけれど、基本的には光り輝きたいとは思っていない女。

　産まなかったとしても、自分の人生に誇りをもって生きている、そんな女でありたいと思う。

　ま、石女なんて女性の人権から考えれば、とっくのとうに消えてもいい死語なのだけれど、私なりの解釈では「産んでも女、産まずとも女」としておきたい。

子供を産まない人への批判の正体

国が少子化対策と言い始めてから何年経っているのかな。少子化を本当にみんなが憂いているのかな。国の未来をどこまで我々が背負うものなのかな。

子供を産まない人への批判は、ふたつに分けられる気がする。ひとつは純粋に日本国を憂う人々（厄介な人もたくさんいるけれど）、あるいは生き物の責務として「産める性にはぜひお願いしたい」という人々だ。

で、もうひとつは、「子供もつくらずに自由に生きている女が許せない」人々ではないか。子育ての苦労もせず、好きな時間に好きなことをやって、自由奔放に遊びまわって、という女がむかつくのだろう。もしかしたら、子育てを経験した人たちで、

「私がこんだけ苦労したのに、あんたは楽しく生きやがって。苦労を知れ！」

という恨み節なのかもしれない。自分の苦労が報われないのが悔しいのか、他人の人生にまで口を出す。私も不妊治療後に、その傾向があったのだから非難できないけれど。

あるいは、女が自由を謳歌しているのが許せない男たちという説もある。俺たちはこんなに苦労して、頑張って、国のために会社のために家族のために尽くしているのに、女子会だのなんだと遊びまくりやがって、という逆恨《さかうら》みである。

余計なお世話だよねぇ。こっちだって働いて税金払って、結婚しろだの孫の顔が見たいだの寂しくないのだのと、常にプレッシャーかけられて、精神的に追い詰められてるんだよ、いちいち人の人生に口はさんでくんじゃねーよ、と言いたい女はたくさんいる。

すごく気持ちが悪いのは、「産まない人・育てない人に払う金はない」という考え方だ。さらには、「子を持たぬ人からは高い税金をとればいい」と言っちゃう人たちだ。

そうじゃなくて、産んでくれた人、育ててくれた人には最大限の感謝と相応の手当を、でいいじゃん。産まない人を罰するのではなく、産んだ人・育てた人に褒賞《ほうしょう》を。子育てして苦労が報われないと感じている人が多いのだから、そっちを手厚くすればいい。

行政あるいは国政レベルで、みたいな話はこの本の趣旨じゃない。そもそも私は少子化で人口がある程度減ってもいいんじゃないかと思っているし。大きくて経済的に豊かな国を目指すよりも、小さくて幸福度の高い、精神的に豊かな国を目指せばいいじゃん。

たとえば、マグロがとれなくなったと嘆く話があるけれど、生態系としてマグロが減少したならほかの魚を食べればいいと思う。そのうちに、またマグロが必ず増えてくるから。

最近、ドラマでもよくセリフに使われる言葉、「足るを知る」というのがある。「足るを知る者は富む」という老子の言葉で、満足することを知っている者はたとえ貧しくても精神的には富んで豊かである、という意味。私は子供がいなくても満足で幸福だよと思う人、そして子育ての苦労も楽しかったよと思う人、足るを知る人が増えるといいんだけどな。

第5章 「寂しい」は世間が主語

外圧だけじゃない、内なるプレッシャー

飲み会で知り合った37歳の独身の女性と話をした。つい、飲み会でも根掘り葉掘りプライベートなことを聞き出すのは悪い癖だ。でも、気づかせてくれることもたくさんある。彼女は「子供が欲しいと思ったことはあるか?」という質問に対して、こう答えた。

「母が愛情をもって育ててくれたので、漠然といつか欲しいなとは思っていました。でも、今はほぼあきらめています。たぶん、子供が欲しいというのも、外圧ではなくて、内なるプレッシャーなんだと思います」

内なるプレッシャーとは、女としての役割とか義務みたいなもの?

「妊娠して出産するという権利があるんだから、行使しなくては、という感じですかね」

なるほど。権利の行使か。確かに男性にはない機能であり能力であり、性別特殊技能かもしれない。たとえ外圧をかけられなくても、自分自身でプレッシャーに思ってしまう。どこかで「女は○○しなければならない」と思い込むフシはある。動物としてこの世に生を受けたからには、確かに繁殖するのが自然な流れだなぁとは私も思う。

しかし、繁殖に適している時期はとにかく若い時だ。人間ならば10代後半から20代前半。学業と仕事と自己確立に最も忙しい時期だし、精神的にも経済的にも未熟だ。この矛盾。

20代で結婚はしたけれども、子供なんて考えたこともなかった。

そこでふと考えた。わが母はどうだったのか。25歳で姉を産み、28歳で私を産んだ母。子供が欲しいと思っていたのだろうか。今となっては母本人も忘却の彼方であろう、過去について取材をしてみた。まず、母は「子供が欲しいと考えたことはなかった」という。北海道から集団就職のような形で東京に出てきた母は、結婚したいとも考えていなかったようだ。ただし、父と出会って、なんとなく結婚して、なんとなく子供ができたという。そこに強い希望や願望はなかったらしい。

もともと7人兄妹《きょうだい》の5番目で、農家の娘だった母。平成の今でいえば大家族だが、昭和20〜30年の当時は当たり前の家族構成だ。特別な夢も野望もないが、北海道の片田舎から東京へと出てきて、ひとり暮らしを始めた。きっと仕事も楽しかっただろうに。

母は当時花形職業であるバスガイドだった。キャリアを積んで、バリバリ働いて、という感覚はなかったようだ。父と知り合って、あっけなく専業主婦になった。

子供が嫌いと言っていたが、その背景に何かあったのか。

「子供というか、大人も一緒よね。好きな人にはそれなりに付き合うけれど、嫌いな人には近づきたくないっていうだけ。よくわからない人には近づかないだけだと思うけれど」

なんというか、子供と大人に境目を設けていないことがわかる。子供も人、大人も人。そもそも人とつるんだりするのが苦手な人だと思っていたけれど、人間関係においては常に成熟を求めている人なのだとわかった。この世の中、成熟した人ばかりじゃないけどね。

過保護な親をディスる母

母の心根を聞きたいのだが、どうしても昔の些細《ささい》な思い出へと話はズレていく。そこで気づいた。私も話の本筋や重要なことをまったく覚えていないわりに、些末《まつ》なことだけ妙に色濃く記憶に残す癖がある。これは母に似たのだと思った。

「昔、ＰＴＡをよくやったのよ。そこに集まる親たちが幼稚すぎてね。過保護というか。高校生の子供に対して幼稚園生みたいな扱いをするし、小さいことでゴチョゴチョこうるさかったわ。親の役目なんて、おいしいお弁当と食事を作ることだけでしょ、って言ってやったのよね（ドヤ顔）」

おいしいかどうかはさておき、食事と弁当は確かにきっちり作ってくれた。その話を聞いていた姉が反論した。

「よくいうよ。あんたの作る弁当が恥ずかしくて、私はフタで隠して食べてたんだよ！　みんなの弁当がカラフルでキレイでおいしそうなのに、私の弁当はコンニャクとチクワの煮物とか、茶色いモノばっかりで。友達に見せたら無言になって、憐れまれて。余計に気まずかったんだから」

驚いた。そうか、第一子はトライアル&エラーの犠牲者なんだな。ある時は弁当に納豆を入れられた姉が激怒して帰ってきたこともある。でも、私は母の作る弁当を恥ずかしいと思ったことは一度もない。ただ、諦観したことはある。

友達の弁当に赤いタコさんウィンナーが入っていて、うらやましく思ったことがあった。母にそれを伝えたら、翌週、超本格的な茶色くてでっかい極太フランクフルトがボンッと弁当箱に詰め込んであった。お母さん、私が欲しいのは可愛らしいタコさんウインナーだよ。まるで男根祭りのような弁当にギョッとしたっけ。おいしかったけど。

この人に可愛いお弁当を要求しても無駄だと悟った。姉の時に比べれば、ブロッコリーやトマトが入るようになったけれど、基本は茶色い弁当だった。

私が好きだったのは豚ロースのショウガ焼き弁当だ。白飯の上にショウガ焼きを敷き詰めただけの一面茶色い弁当。中学生女子に男飯。肉体労働者の弁当のような潔さ。でもおいしいし、満足だったので、それを伝えたら、週に3回はショウガ焼き弁当になった。

弁当話はさておき。母はとにかく子供に干渉しなかった。世間によくいる「子供に干渉する親」をバカみたいだと吐き捨てた。子供は別人格・別人生という根本的な考え方がある。いや、いろいろと話を聞いていくうちに、干渉するのが面倒くさいのだとわかった。

おそらく、7人兄妹の5番目で、農作業に忙しい親にかまわれたこともないのだろう。兄1人、姉3人、妹2人もいる中で、干渉しない・させない美学が生まれたのかもしれない。そういえば、他人と比べるようなことも言わなかったし、しなかった。

世間では毒親、特に毒母がブームだ。私と同世代の女性たちが母親の過干渉と呪詛に対して、声を上げている。まったく真逆の母をもつ私としては、毒親という感覚がイマイチ実感できない。母が貫いた不干渉のスタンスは決して悪くなかったな。

仲よし家族の弊害

家族との距離が近すぎると、ろくなことがないと思っている。運命共同体であることは確かだし、困った時に助け合うことは大切だ。でも、子供も成人したら別の個体。日常生活は個々が自立していたほうがいい。

2017年上半期に、2世芸能人の不祥事が相次いだ。女優・高畑淳子《たかはたあつこ》の息子、故・坂口良子《りょうこ》の娘、俳優・橋爪功《はしづめいさお》の息子。世間の中に「親の監督不行き届きだ、責任を負うべきだ」という意見が強かったことに驚いた。成人した家族の犯罪に、どこまで親が責任をとるべきか。

謝罪するのはわかるが、親自身が芸能活動を自粛する必要はないと思っている。家族はどこまで責任を負わなきゃいけないのか。配偶者というところまで広げるならば、矢田亜希子や高島礼子もしかり。クソ夫をつかんでしまった不運を嘆くしかないが、どこまで連帯責任制を課すのかと思う。このふたりは既に自粛期間を経て、ドラマで活躍しているので、心から応援している。

家族連帯責任を負わせようとする風潮が非常に気持ち悪い。いつまでも仲よし、いつまでも同居する親子にも違和感がある。もちろん、病気を患っているケースや介護が必要なケースは除く。健康で働ける子供が健康な余生を過ごす親と、いつまでも干渉し合うのは仲よし家族の弊害だ。家族はどこまで生活を共有するものなのか。

私は大学卒業前に母親から家を追い出された。出版社に入りたかったのだが、面接や試験でことごとく落ちた。秋頃になって、新聞広告で見つけた小さな編集プロダクションにようやく就職が決まったのだが、編集関係の会社と聞いて、母が言った。

「夜遅くに帰ってきて、夜中にお風呂に入ったりするのは迷惑だから、出ていって」

追い出されたというと聞こえが悪いのだが、母には母の思いもあったと推測する。母も就職してすぐひとり暮らしを始めた人なので、ひとりの気楽さを知っていたのだろう。

給料の手取りが12万円くらいだったので、家賃はギリギリの6万円が上限。葛飾区の古いアパートを見つけ出し、就職する前からそこに住み始めた。なので、22歳からは実家が他人の家であり、帰る場所ではなくなった。もちろん、経済的にキツイ時は、ご飯を食べさせてもらいに頻繁に訪問したこともある。正月には黒豆を大量にもらって帰り、冷凍して弁当にしたこともある。白飯のおかずに黒豆びっしりのモノトーン弁当。会社の先輩から大笑いされたが、黒豆は好物なので気にしなかった。

実家に泊まることもほとんどない。もうあそこは私の家ではない。親の家であって、私が帰る場所ではない。私の成長の記録や思い出の品も、断捨離ブームの母がガッシガシ捨てていった。ランドセルも教科書も賞状も服も机も。あの家に私の持ちものはひとつもない。

世間では、巣立った子供の部屋をそのまま残しておく親が多いんだってね。さらに子供たちも図々しくて、不要だけど使わないものを実家に送りつけるという。保管庫か。きっとお宝があるのだろうなとうらやましく思うが、思い出だけでは食っていけない。

仲は悪くないけれど、もう別戸籍で別世帯。私には私の家がある。

意外と知らない家族のこと

ひとつ屋根の下に暮らしている家族であっても、何を考えているのか、どんなことに興味があるのか、そこまで知らない、知りえないと思っている。生活パターンや食の好み、近々の予定くらいは把握しているだろうけれど、それって必要か？　管理とか支配とか、そういう言葉しか浮かばない。

離れていればなおのこと。そして、家族ひとりひとりの過去や感情の歴史は、あくまで自分から見たものであって、知らないことのほうが多いものだ。『うちの子にかぎって』（T

BS）なんてドラマが昔あったけれど、うちの子が何をしているのか、親が把握できるはずがない。逆もしかり。私は父のことをあまり知らなかったのだと思い知らされた。私が知っている限りでは、近所では有名な秀才だったこと、パイロットになりたかったこと、でも視力が悪くて早々に夢をあきらめたこと、東京外国語大学を卒業したこと、旅行会社勤務を経て新聞記者になったこと。ざっくりした経歴でいえば、そのくらいだった。すごいなと思っていたし、父は私の自慢でもあった。

が、先日、私が45年間知らなかった事実を父の口から聞くことができた。驚愕。そんなこと言わなかったじゃないか、と思いつつ、父の思いやプライドの高さを肌で感じた。

まず、近所で有名な秀才という点だ。父が育った集落に今姉が住んでいるので、父が小さかった頃を知っている老人たちがまだご存命だ。彼らから聞いた話ではこうだ。

「まあちゃん（父）は小さい頃、ひとりでラジオを作ったりして、ちょっと怖かった」

「農家の息子なのに畑仕事を手伝わないで、ひとり黙々と勉強していた」

「あれは親の育て方が悪い」

などと言われていたそうだ。怖かったというのは、アナーキーな方向へ行くんじゃないかという懸念かもしれない。昭和20年代はそういう時代だもの。農家が多い集落の中では、本を読んだり勉強をするだけで秀才と呼ばれちゃう。たぶん、ちょっと変わった頭のいい子で、もしかしたら学校でも鼻つまみ者だったのではないかと邪推する。

そんな父が、外語大に入る前に、実は私立の拓殖大学に入ったこと。それは、特待生で学費全額免除という好待遇に飛びついたという。父の家は農家だが決して裕福ではなく、奨学金を得ないと進学できなかった。そこで好待遇の特待生として入学したものの、何かが違うと感じたようだ。一浪して外語大を受け直したのだという。あの頃は国立大学に入ることがステイタスだったと思われる。お金もないから奨学金制度を使った。確か、父が30代になるまで、奨学金を返済し続けていたと記憶している。

私が大学受験をする時に、そういう話をしてくれればよかったのに。一切しなかったし、私がどこの大学を受けようと、干渉もアドバイスもしなかった。ただ、受けたい大学はすべて受けさせてくれた。当時、大学の受験料は3万円だ。7つも受けたので21万円。そこには父の思いがあったのだろう。自分は経済的な理由でいくつも受験することなど不可能だった。自分の子供には同じ思いをさせたくないと思ったに違いない。

長女に託した父の思い

そしてもうひとつ。私の姉は高校生の時にアメリカへ留学した。1980年代は留学がブームで、公的な留学斡旋《あっせん》が盛んに行われていたし、民間でもホームステイを斡旋する業者がたくさんいた。今は留学する人は激減したんだってね。当時は、留学するのがちょっとしたステイタスだったし、憧れでもあった。私の姉はちょっと変わり者だったが、友達も多かったし、地元では良家の子女が集まるお嬢様女子高へ通っていた。漫画、洋楽、洋服のブランド、海外の流行などは全部姉が教えてくれたものだ。

私にとって、姉は規格から外れた天才だった。小学生の頃は、夏休みの宿題を8月31日に全部やる人だった。当然私は手伝わされた。500円で買収された。そこで、姉が取り組む課題はとてつもなく異様なものだった。小学校6年生の女子が「ゴキブリの解剖」をしたのだから。私は助手よろしく、ピンセットを姉に手渡したり、ゴキブリホイホイで瀕死の状態のゴキブリを粘着テープから剥がすのを手伝った。足がもげちゃったりしてね。

そのレポートが校内でうっかり優秀賞をとってしまい、全校生徒が集まる前で表彰された。31日にやった課題なのに。しかも「おまえんち、ゴキブリいるんだ!」と同級生の男子から白い目で見られた。ちょっと姉が嫌いになった。

また、姉は中学生の時に同人誌をひとりで作っていた。『アニメージュ』(徳間書店)とか『アニメディア』(学習研究社)が最盛期の頃で、姉は『機動戦士ガンダム』の中のキャラクターをこよなく愛し、たったひとりで同人誌を立ち上げたのだ。超絶絵がうまいので、今でいう二次創作を当時から描いていた。アニメ雑誌にその情報を掲載すると、驚くほどお金が入ってきた。

今でも覚えているが、現金書留がやたらと姉に送られてくるのだ。ひと口500円程度だったとは思うが、姉は中学生の頃からひとりビジネスを展開していたのだ。

そんな姉だから、日本の社会に適合しづらいのだろうと勝手に思っていた。私は優等生ぶって真面目に歩いてきたが、欲望に素直でまっすぐな姉は日本社会では生きづらいのだと勝手に思い込んでいた。だから、姉は自らアメリカ留学を希望したのだと思っていた。

実は真相は違ったのだ。父が留学の話を姉にもちかけたのだという。「公的に留学を斡旋する仕組みがあって、試験があるから受けてみないか」と言われたらしい。姉は興味をもって受けたのだが、面接で落とされた。うん、それはちょっとわかる気がする。

それで火がついた姉は、民間の留学斡旋業者の試験を受けて、見事に合格した。まあ、民間なので金さえ払えば行かせてくれるのではないかという疑問も生じるが、とにかく留学のきっかけは父親のひと声だったのだ。

よそはよそ、うちはうち

海外へ飛び出したい、いろいろな国に行ってみたい、英語を使う仕事がしたい。父はそう思っていたのかもしれない。かなわなかった夢を長女に託したのだ。たぶん。

そんな話、姉も父も話したことがなかったので、私はまったく知らなかった。家族なんてそんなものなのだと改めて思った。知らないことのほうが多いんだよ。

父はカメラが趣味だった。新聞記者だったので、常にカメラを手にしていたし、家でネガを現像することもあった。あの独特の現像液のニオイ、フィルムケースで遊んでいたことなどを思い出す。自分ではすっかり忘れている幼少期も、何気ない日常も、父がやたらと写真に残してくれている。モノクロの紙焼き写真が数百枚、我が家にあるのだ。

時折、それを眺める。昭和40年代後半の風景も懐かしいのだが、なによりも父と母の「子育て」が垣間見える。まさかと思ったが、家族写真の年賀状も出てきた。そういうのを作る人だったんだ！

数百枚に写る私と姉は、なんだか楽しそうである。父も撮影するのが楽しかったのだろう。若かりし頃の母も幸せそうだ。私たちに対する愛情があふれている。結構いい写真が多いんだよね。些細な日常から旅先のショットまで。時折、亡くなった祖母も写っている。

これを見ると、ホント泣けてくるのである。なんで泣く？　その答えはひとつ。

「この愛情を次世代に継げなくてごめんなさい」

である。父も母もそんなものを私に要求していないのは重々承知なのだが、心のどこかで謝る自分がいる。注いでくれた愛を同じように子供へ返すことができない。引き継げない、なぞれない。もう、これはどうしようもなく、打ち消せない。不全感は拭えない。

でも、あえて63枚を我が家の壁に貼りつけることにした。ボケ始めた父への感謝、介護ストレスをためている母への感謝を忘れないために。育ててくれてありがとう、と。

で、親孝行っていったい何だろう。

ある既婚男性から聞いた話を思い出した。その男性は浮気をした。それが妻にバレた。なぜバレたかというと、性感染症である。ほかの男とは一切交渉していない妻が、病院へ行ったら妊娠と同時に性感染症にかかっていることがわかったのである。妻、激怒。家族会議で離婚の話も出たという。その時、彼は、

「離婚したら、自分の親が孫に会えなくなってかわいそうだと思った」

と言う。え？　そこ、自分の親が主語なの?!　私は正直驚いた。彼の中では親孝行＝孫であり、孫に会えなくなる親に申し訳ないと思ったようだ。結局は、妻から自分の両親とこどもこっぴどく説教されて、離婚はまぬがれたという。妻、すげえな。いろいろな意味で。

ともあれ、自分の親の気持ちをまっさきに考えた彼は、親孝行者である。私は親の気持ちを考えたことなどなかった。私は私、親は親、と思っていたから。

これを書いている最中、母に電話してみた。親孝行について聞こうと思ったのだ。

「今から冷やし中華作らなきゃいけないから。ホント面倒くさいのよね。お父さんのご飯作るの。あと編み物やってるとボケ防止になるわよ。靴下を編んでいるんだけど、かかとのところにさしかかると、必ずヒステリックになるのよねぇ。じゃーね」

と一方的に切られた。

うん、私は私、親は親だね。よそはよそ、うちはうちだね。

1976（昭和51）年4月、私の4歳の誕生日の1枚。イチゴのケーキに熱視線を送る姉と私。サイドの生クリームの塗りの甘さと盛りすぎのトップからして母の手作りです

1974（昭和49）年10月、中目黒の社宅にて。父の背中に馬乗りになる姉5歳、私2歳。昔ながらの暖房。姉が持つEP版レコードはテレビアニメ『星の子チョビン』

父の涙

私は父の涙を１回しか見たことがない。私が20代の頃、実家で飼っていた猫が死んだ時だけだ。その時初めて、嗚咽《おえつ》して泣きじゃくる父を見た。

ところが、最近、父が涙を流すという。どんな時かというと、姉と別れる時なのだ。姉が遊びにきた時、あるいは姉の家に両親が行った時。姉はそっけなく「じゃあね」と振り返りもしないで別れるのだが、父はそれを見て涙を流すという。母から聞いた話だ。

「そ、そうなんだ……。ええと、私の時は？」

「あんたの時は泣かない。ケロッとしてる」

なんなのよ、この違いは！　昔から父が姉を溺愛していることはうっすら気づいていた。

姉がシンガポールにいる時代、私は父と亀戸でサシで酒を飲んだことがある。亀戸大根を食べに行こう、ということで、なぜかふたりで飲みに行ったのだ。私がまだ最初の結婚をしている時である。

父の話す内容は、８割以上が姉のことだった。

「あいつは昔から人と違う感性があった」

「あいつはああ見えて、勉強はものすごくできた」

ええと、私もあなたの娘ですよ、と言いたかった。まるで同僚に娘の自慢をしているようだった。私は亀戸大根をつつきながら、複雑な気持ちになったことを思い出す。日記には、「姉のことばっかり！」と書いてあった。

父は私のことを息子のように思っているのかもしれない。そして、今は他家へ嫁いでしまった娘なので、どこか線を引いているような感覚もある。離婚して日本に戻った姉に対しては、いつまでも「手のかかる可愛い我が娘」という感覚があるのかもしれない。

先日も父の家に姉と遊びに行った時のこと。私は姉の運転する車で、そのまま姉の家へ遊びに行くことになっていた。駐車場についた途端、姉が忘れ物をしたという。私は車の前で待っていた。

ふと見上げると、マンションの12階に人影がある。父だった。姉と私が帰っていくのを見送るつもりでベランダに出たようだ。手を振っているので、私も手を振り返した。が、父は姉の姿が見えないことに気づいて、手を振るのをやめた。そこへ忘れ物を取りに帰った姉が到着したようだ。父は遠目に見てもわかるくらい、慌てて中に引っ込んでいった。

「ああ、姉を見送るためにベランダに出てたんだなぁ……」

足腰が弱ってヨチヨチ歩きしかできない父が、姉恋しさにベランダに出ている姿は、同じ娘として切なかった。姉いわく、

「慌ててベランダに出たみたいで、片方しかサンダルはいてなかったよ」

そっけない姉の塩対応。それでもきっと父は、また涙を流したに違いない。

産まない選択をしたパイセン・姉

もう少し姉の話を続ける。姉は2年間のアメリカ留学を経て、一度帰国した。その後、日本でアルバイトをして金を稼ぎ、世界放浪の旅に出たりした。若さと英語力と行動力ハンパねえ。親は心配していたようだが、金が底を突くと姉は日本に戻ってくる。イギリスだかニューヨークだかの美術学校へ行ったこともある。が、途中で芸風が合わないとやめて、放浪の旅の果てに、シンガポールに行きついた。今でも覚えているのだが、姉から国際電話がかかってきて「金がないから送れ」と言う。親、マジギレ寸前。いくら放任主義の親だからといって、娘が見知らぬ国でホームレス状態と知れば、怒るわな。

その後、姉は日本語教師の資格をとり、放浪の最中に居心地がよかったシンガポールへ向かった。当時は90年代前半。まだ日本企業のオジサンたちは英語がしゃべれない時代で、日系企業から来る翻訳や通訳の仕事がわんさかあったのだ。日本語教師として働きながら、イレギュラーで来る通訳の仕事も始めた。そこで知り合った中国系シンガポール人と結婚した。正直、私はこの男が嫌いだった。優しくないし、虚栄心が強い気がしたからだ。が、数年で離婚した。多くは語らないが、まあ、性格と生活の不一致だ。その後、シンガポールのチャンギー空港で働いたり、機内誌に載せるイラストを描いたり、と複数の仕事をこなしていたらしい。シンガポール在住、約15年。ふと姉も自分の行く末を考えた。そして2008年に日本へ帰ってきたのだ。今はイラストレーターとして細々と暮らしている。野良猫を引き取って去勢手術をさせて、今じゃ内猫外猫、合計7匹の飼い主だ。

そんな姉は、子供を欲しいと思ったことがあるのか。

「1回もない。結婚したときはいつか産むだろうな、くらいに思ったことはある。でも結婚生活がうまくいかなくなって、別にいいや、と思った」

そして姉も子供が苦手だと公言する。

「物心ついた頃から、子供はうるさい、うっとうしいという経験しかしていないからかな。でも、小さい子供が苦手なのではなくて、小さい子供がいて、しつけをしないバカ親が苦手なんだと思う。あっち側になりたくないなと思った」

へえ。意外だった。しつけをしないバカ親ってよく聞くけれど、私自身はあまり遭遇したことがない。むしろ日本の東京においては、のびのび走りまわって騒ぐガキをほとんど見ない気がする。あ、たぶん私の生活時間帯と生息地域が特殊だから、かな。

「シンガポールは基本的に共稼ぎが当たり前で、男も女も働くんだよね。女性の社会進出も進んでいたし。日本が遅すぎるだけなんだけど。だから、専業主婦ってほんの一部の金持ちだったり、要は駐在員の妻だよね。そういう女たちは話をしていても、子供の話一辺倒で、ホントつまらなかった。母親同士の面倒くさいソサエティもあって、愚痴をため込んでる女も多かった。あっち側にはなりたくないなと思ったよ。しつけしないバカ親とか、子供オンリーになる母親とか、そういう光景の積み重ねが忌避させたのかもしれない」

そう思っている女性、日本にも多いかもしれない。声には出さないけどね。

「寂しい」は世間が主語

姉いわく、子供が欲しいと思うのは2パターンあると。ひとつは「自然に発生する本能的なもの」で、もうひとつは「世間体に縛られている証拠」だという。私はどっちかな。どっちも含んでいるような気もするが、後者のほうが強かったかもしれない。さらに、姉は指摘する。

「産まない選択をした人にたくさん話を聞いたほうがいいんじゃない？　後悔していないか、自分の選択が正しかったと思うか。そっちのほうが読者の役に立つと思うけど」

あの、変わり者の姉がまっとうで建設的なことを言っている！　と驚いた。

しかし、産まない人生をある程度客観視できるまでには、結構時間がかかる。というか、年齢を重ねないとわからないことのほうが多い。また、産まない人生を選択した人は「病気、セックスレス、パートナー不在、家庭の事情などの理由で、産みたかったけど産めなかった」人もいれば、「子供なんか欲しいと思わなかった」人もいるわけだ。

前者はなかなかカミングアウトしにくい分野であり、心情でもある。「欲しかったけどできなかった」と言うことは、やっぱり子供はいたほうがいい、という結論につながってしまう。本人はいたって普通に話したとしても、「お気の毒話」としてとらえられてしまう。

そして、後者の「断言できるほど達観できる」人はごく少数ではないか。子供礼賛・少子化抑止のファシズムが席巻している日本社会では、声に出しにくい。

産まない選択をした人は、ひっそりと、人から触れられないよう、そして自ら主張することも極力避けるしかないのだろうか。

だからこそ、私は話していこう。子供が欲しいと思ったが、できなかった。しかし、突き詰めて考えてみると、本当に子供が欲しいわけではなかったと気づいた。そして、今は子供がいない自由を堪能している。友達と旅行に出かけたり、ひとり思い立って遠く離れた美術館へ行ったり、突然深夜上映の映画を観に行ったり。子供がいないからこそできることがたくさんありすぎる。これを寂しいというのだろうか。

あと10年後、20年後はどうだろう？　子供がいなくて寂しい・虚しいと思う時が来るのだろうか。盆暮れ正月に夫や友達とちんまりしてテレビを観ている自分は、果たして寂しいだろうか。想像してみても、あまり実感がわかない。むしろ、寂しいと感じるのは子供がいる人たちではないだろうか。

子供がいる人たちは、子供が成人して巣立っていく。クソババアとかウザイとか、せっかく作った弁当に文句をつけてきた子供たちが、すでにいっぱしの大人になって、ひとりで歩き出す。自分には理解不能な文化を享受し、自分が入れないさまざまなコミュニティに属し始める。小さい頃はこんなに可愛かったのに。そっちのほうが「寂しい」という言葉を噛みしめるのではなかろうか。

今や「寂しい」はネタだ。「ぼっち」がマジョリティになった時代で、自虐ネタのほうがSNSでも話題になるし、共感も得られる。「寂しい」の主語は決して自分ではないよね。

そろそろ気づく頃。子供は愛の結晶ではないことを

結婚して明るい家庭を築きたいと思っている人、子供がいることが生きる糧《かて》と思っている人、家族をもつことが幸せと信じたい人。いいと思う。その脳内花畑状態がいつまでも続くことを願う。私は気づいちゃったよ。その人たちの大半は、主語が世間だと。

昔、座右の銘にしていた言葉がある。

「結婚は判断力の欠如、離婚は忍耐力の欠如、再婚は記憶力の欠如」

正式な言葉ではないが、フランスの劇作家アルマン・サラクルーという人が残した名言である。結婚なんかするな、という意味ではなくて、人間という生き物のあさはかさを記

した言葉だ。そう、我々はいつもあさはかなんだよね。一生同じ思いを抱き続けられると思ったら大間違いだ。

宇宙で一番好き！ と思って付き合って結婚して子供を産んでも、「夫いらねー」「子供ウゼー」「私っていったいなんなのかしら……」と変化してしまうのが人間のなせる業《わざ》。この女しかいない！ と思って結婚したけれど、家事はやらねー、料理はまずい、おまけに浮気されて捨てられて、というのも人間の所業。

子供は愛の結晶と言われるけれど、子供がいるがために離婚できずにストレスをため込んで不幸になっている人もたくさんいる。「子は鎹《かすがい》」って、平成の今は別の意味になってきたよね。

もちろん子供に罪はないし、成人するまでは生活と教育の保障義務はあると思う。でも、愛の結晶を背負わされる子供もたまったもんじゃないなと思ったりする。親が不仲でも、離婚しても、きちんと育つ子供はいる。いるどころか、むしろそれがスタンダード。

家族というユニットの体裁を守るために、罵《のの》り合って外で悪口を言い合うような相手と生活を続けるのは、不幸だ。夫婦仲が最悪で、ストレスため込んだ親が眉間にシワを寄せて不機嫌になっている家庭と、振り切って別居あるいは離婚して、父訪問日・母訪問日をそれぞれ楽しむ家庭と、どっちが幸せなのだろうか。

私には愛の結晶も鎹もない。夫がいて、私がいる。感情も意志もごくシンプルな相互通信で済む。「子供のこと少しは考えてよ！」とか「あなた、父親でしょ！」とか、子を思う親心による相手の手落ちを責めるシチュエーションは生まれない。夫の主語は夫で、私の主語は私だからね。お互いに嘘をつかなければ、とても単純。

本来は子供ができても、主語を自分にしてユニットを組んでおけば、妙な齟齬《そご》は生まれないはず。でも、お父さんとお母さんになると、世間体が主語になったり、子供が主語にさせられたりする。子供は子供が主語であるべきなのに、母親が勝手な代弁者となったり、父親が子供の主語を悪用したり。

矛盾に満ちた共同体をみんなうまいこと運営しているよねぇと感心する。それが大人の流儀とか責任だと言うならば、私は全速力で逃げたい。

子供の成長と併走する人々

妊娠して出産して子育てして、最強のネタ元を手に入れた人は、素直にうらやましい。ネタ元が身近にいて、一挙手一投足がネタになり、成長過程を追っていけば、同じ世代の子をもつ人たちの心をぐっとつかめる。面白ければ、の話だけど。ただただ甘いだけの我が子可愛い、育児バカ本なんか誰も読まないからね。

子育てしていない私が非常に面白く読めるのは、西原《さいばら》理恵子さんの漫画くらいじゃないかと思っている。子供をネタにしてはいるけれど、根本が甘くない。突き放していて、子供を別人格としてとらえているのがわかるからだ。

そういえば、西原さんは16年間続けてきた『毎日新聞』の漫画連載を終えて、「卒母」宣言された。「もう好きなことやらせてもらいます！」とＮＨＫの『クローズアップ現代』で話されていた姿が清々しかった。

子供の成長とともに自分の立ち位置を再確認する作業は、楽しそうだ。生き直す経験とでもいおうか。気色悪く覆いかぶさる二人羽織（船場《せんば》吉兆《きっちょう》のささやき女将みたいな）ではなく、マラソンの併走者なんだと思う。子供が走る横をなんとなく併走しつつ、でも寄り道したり、ルートを外れたりしながら、親は親、子は子の歩を進めている感じがする。主語が自分であることを決して失っていないから、気持ちよく読める。妬ましい方向ではなくて、本当に楽しませてもらっている感覚だ。

そこは超絶うらやましい。

私に子供がいたら、全部ネタにしたい。「子供がハナクソ食ってるなう！　食糧難に備えた自主訓練」とかツイッターでつぶやいてみたい。

そしてもうひとり、友人で漫画家、この本のイラストを描いてくれた安彦麻理絵の子育ての様子も、非常に面白いので記しておこう。

私は彼女と知り合ったのはだいぶ前だが、距離が縮まるまでは少し時間があった。私が女性誌で取材をさせてもらったことを機に、2013年頃から急激に仲よくなった。馬が合ったとしか言いようがない。

お互い、40歳を超えて、紆余曲折を経てからのニューフレンドである。40超えても友達ってできるんだよねぇ。

最初に酒を飲んだ時は、麻理絵の長年の友人である、漫画家の大久保ニューさんと熊田プウ助さんが一緒だった。ビールをひと口飲んだあたりから、すでに下ネタと下世話なネタで盛り上がった。刑事になるとしたら、あだ名は何がいいか、みたいな話をした。麻理絵はすぐ妊娠するからマタニティ、潮はセックス好きだからセックス、ニューさんはおしゃべり、プウさんは重い恋愛をするからヘビー、とみなで命名し合ったと記憶している。

3人の子持ちなのにまったくくたびれていないし、主語が自分である麻理絵は、酒もタバコも大好きで、一緒に飲んでいてとても清々しかった。飲みすぎると、両脚を上げたまま転ぶので、『犬神系の一族』のようなビジュアルになる。そこも可愛かった。

そして、基本的にベタベタと甘い育児はしていない。夫のSさんと共同作業で、淡々と。あくまで淡々と日常を営んでいる。ケータイもスマホじゃないし、子供の写真をドヤ顔で見せてくることもない。むしろ子育てにうんざりしている様子をちっとも隠さない。こんな正直な母ちゃん、おもろいな、と思った。

そもそも子持ちの友達が少なかったが、こんなに反理性的な母と出会えるなんて！

母の前に、一個人の人が好き

母になると、多くの女性たちがそれまでたしなんできた酒やタバコをやめて、スカートをはき始めて、地味な服装と歩きやすい靴になる。出産前とのギャップが激しければ激しいほど、「ああ、この人は母になったんだな、別世界の人なんだな」と思ってしまう。

が、麻理絵はおよそ母らしくないというか、永遠の美大生みたいなイメージだ。出産前を知らないけれど、たぶんほとんど変わっていないと思われる。やさぐれたまま、本能の赴くまま、でもどこかで乙女性を残している。そして、子をもつ母によくある「ドヤ感」が一切ない。ひそかにまだセーラー服もイケるんじゃないかと私は思っている。

ふと、私の頭のどこかに「母親らしいカタチ」というものがあって、それに当てはめようとしていたのだと気づいた。麻理絵は私の脳内の規格外の母だった。子育てを気負っていないし、苦手なことは苦手と口にできる素直さがある。母親ぶることもなく、ママ友たちが吐き出す愚痴の面白さも教えてもらった。

こんなことを書くと、まるで麻理絵が手抜きしているように読み取られるかもしれない。いや、本人はものすごく子育てを頑張っている。苦手なことにもトライしているのだろう。でも、頑張っている自分をアピールしようとは決してしない。世間にいる母たちの中には、子供が好き、子育てが好き、なのではなく、子育てに頑張っている自分が大好きな人がいる。芸能人のママタレなんて、その権化だ。子育てオナニー見せられてもねぇ。

麻理絵は苦手であることを隠さない。そこが好きなのだ。

さらには、子供たちが「マリエちゃん」と呼ぶのも新鮮だった。3人の子供たちは、子供が苦手な私もまったく構えることがないくらい、このうえなく素直な子供らしい子供だ。私は「子供に害のないオトナですよ〜」と取り繕ったり、演じなくてもいい。ありのままの私を受け入れてくれる子供たちだった。

しばらくはこの3人の成長を、だいぶ外から生ぬるく見守ることで、「ちょっとした子育て気分」を味わわせてもらおうと思っている。

実は我が夫も一緒に、麻理絵邸に遊びに行ったことがある。私の心の奥底に、ものすごく気持ちが悪い感情がわいたことを告白しておく。私が子供と接している姿を夫が見てどう思うか、そして夫は子供とどう接するのか、ちょっと実験してみたかったのだ。そして、疑似子育てプレイをしたかったのだ。ごめん、麻理絵。私、ものすごく気持ちが悪いね。

そこで、夫も実はあまり子供が得意ではないと知った。童心に返ることはできても、どこかぎこちなかった。もちろん麻理絵以外は初対面なので、緊張していたせいもあるだろう。でも、根本にある苦手意識は手にとるようにわかった。その様子を盗み見して、ああ、やっぱり私たちは子供がいなくてよかったのだと悟った。

子育てしたこともない私が、子育てに対する勝手な意見をつらつらと書くのはどうかと思うが、母の前に一個人である人が好きだ、ということを言いたかっただけだ。世の母もこれくらい一個人として成立していたら、肩の力が抜けるに違いない。

子供をもつ覚悟と信念

産まない人の話はのちほど詳しく書くことにして、母になった先輩の言葉も記しておきたい。漫画家の倉田真由美さんだ。ひょんなことから飲み会に誘っていただき、いまや一大勢力となりつつある「クラタマ会」にお邪魔することになった。クラタマ先輩は子供ができたからついでに結婚したそう。シングルでも産む覚悟があったという。

「子供を産むことで失うことはいっぱいあるよ。自分の人生なのに、自分が主役じゃなくなるからね」

さらっと、それでいてずっしり重い言葉を吐いたクラタマ先輩にくらくらした。

「だって、あんたらはどこにでも住めるじゃん。日本でも海外でも好きなところへ住もうと思えば移住できるでしょ。でも子供がいると、そう簡単にはいかない。生活と教育、子供を中心に住むところは限られてしまう。住居だけじゃなくて、行動や発想の自由も含めて、自分の人生を自分がナンバーワンで生きられなくなるんだよ」

主役じゃない人生、ナンバーワンじゃない人生……人生の優先順位がガラッと変わる体験なのだ。結婚したくらいでは何も変わらないが、出産すると怒涛の変化が起きるのだ。脇役に徹するクラタマ先輩の信念と責任感の強さ、そして魂の叫びを聞いた気がした。

「もし子供が病気になって、腎臓が必要になったら迷わず私の腎臓をあげる。夫にはやらないけど、子供にだったら迷わずあげるよ。産んだらそうならざるをえない」

子供にはあげるが、夫にはやらない。微妙な言葉使いの違いに含まれる温度差が新鮮だ。母として、そして妻としての矜持《きょうじ》。主役じゃなくても、クラタマ先輩の主語は自分であり、ズバッと断言するところが素敵だ。そして、「得るものも失うものもあるけど、産んでも産まなくても、自分次第で幸せになれるからね」という言葉ももらった。

薄々気づいてはいたが、妊娠と出産はいろいろな意味で「覚悟」なのだ。私には覚悟がなかった。信念もなかった。そして、今は産めなくてよかったと心から思う。

そういえば、子づくりの決意を母親に電話で話した時のこと。当時は、秋田児童連続殺害事件で逮捕された畠山鈴香《はたけやますずか》が話題になっていた。自分の子供と近所の子供を殺した事件である。鈴香は私と同い年だった。

母は私に「あんた（子供をつくっても）、鈴香みたいになるからやめなさい」と暴言を浴びせた。

自分の子を殺す女にたとえられたのはショックだった。そこまで信用がないのかと落ち込んだ。この話を友人S子にしたところ、まったく別の解釈をしてくれた。

「お母さんは仕事を捨てるな、という意味で言ったんだと思います。専業主婦になるしかなかった世代の人は、バリバリ働く娘を誇らしいと思っているし、子供を産んで今の仕事を犠牲にするなと言いたかったんじゃない？」

と。なるほど、と思った。母は私を信用していないのではなく、親になる「覚悟」について話したのだ。あの時ショックで落ち込んだ私には、確かに覚悟がなかった。

子供をもたないという覚悟もある

逆に言えば、子供をもたないという覚悟もある。子供を育てることは大変だと覚悟しているからこそ、もたずつくらずもち込ませず。お金というわかりやすい観点で説いてくれたのが、ネットニュース編集者の中川淳一郎さんだ。

「もし、子供ができたら、あと20年くらいは死ねないじゃないですか。公立と国立に行かせても数百万、私立だったら数千万円。その金を用意するために働かなければいけないでしょ。俺にとって仕事は苦行ですよ。できるだけ仕事する期間を短くしたい。のんきにドラクエやって、海辺でアジを釣ってその日の晩酌の肴《さかな》にする人生を送りたいんですよ」

子供が大人になるまで面倒をみるという責任感があるからこその、非「親」宣言だ。その根源はどこにあるのか聞いてみた。

「子供の時、家が貧しかったんです。父親はほとんど日本にいなくて、いたとしてもほとんど家に帰ってこなかった。麻雀狂いと言っていましたが、実際のところはわかりません。とにかく、貧しくて子供がいるということは大変だと肌で感じていました」

中川氏には2歳上の姉がいる。

「俺が6歳の時、弟や妹が増えて、さらに貧しくなるのはイヤだと姉と話したんですよね。もし弟や妹ができたら、多摩川に投げ捨てに行こうね、と結託していたんですよ。弟や妹はいらない、だったらドジョウやクワガタのほうが欲しい、と」

昔で言うところの「間引き」だ。これを末恐ろしい感覚だとは思わない。そもそも子供は残酷な生き物だし、幼少期の中川さんの心情は理解できる。

実は、私にも弟か妹がいた。40歳になるまで知らなかったのだが、あるきっかけで知ることになる。私が女性誌の取材で韓国へ行った時、たまたま入ったのが占いカフェだった。イケメン占い師に占ってもらったら、

「結婚はダメ。仕事は心配ない。そして、あなたには妹か弟がいたはずで、その子が守ってくれている」

と言われた。ん？　変なことを言うなぁと思って、正月に実家へ行った時に、その話を母にしたところ、

「いたのよ。でも3人は無理！　育てられないと思って中絶したの」

と答えた。初めて聞いた話だ。家族にはそれぞれの歴史がある。でも、当時の母の選択を私は受けとめた。母にも個人的にいろいろとあった時期でもある。母の選択は間違っていないと思った。そして、占いとは罪悪感をそそることで儲ける職業だと痛感した。

話を戻す。中川さんはさらに心強い言葉をくれた。

「世間では子供を育てることが神聖化されるし、少子化を憂いて国力が減退するとか言うけど、うんこ食ってろ、です。日本より人口が少なくても成り立っている国はたくさんあるし、俺らが国家や国力に寄与する必要なんかないですよ」

ホントだ。私たちは国家のために生きてなんかいないのだから。

第6章

産まないことは「逃げ」ですか？

産まないことは「逃げ」ですか？

「産まない人生」について単行本を書いている、というと、驚くほど周囲が協力してくれる。「そういう本がないから楽しみです！」と熱望してくれる女もいれば、「こんな経験をしたよ」と話してくれる女もいる。同じ思いを抱いていて、背中を押してほしい人もいれば、「産まない人への迫害」をネタとして提供してくれる人もいる。いずれにせよ、ささやかな肯定を欲しているのだと思う。ささやか、というところがポイントだ。

煽るのもどうかとは思うが、やはり世間には「母マウンティング」があちこちで勃発《ぼっぱつ》し、イライラ一歩手前のモヤモヤを感じる女も多いようだ。いくつかの例を紹介したい。

友人Jが、母になった友達と映画を観に行った時のこと。子供が中心となる外国映画で、Jは正直に「イマイチ、面白さがよくわからなかったなぁ」と素直に言ったそうだ。すると、友達は「ああ、子供産んでいない人にはわからないよね」と言ったという。たかが映画の感想、観終わった後でおおいに盛り上がると思っていたのに、そのひと言でJは目の前でシャッターを下ろされてしまったような感覚を味わったという。子供を産む前はそういう言葉を選ぶ人ではなかったのに、と寂しさを覚えたそうだ。

また、友人Yはカテゴライズされる不気味さを体感したという。ヨガの教室へ行った時に、主催者はあきらかに「子供がいる女性と、いない女性」でチーム分けをしたという。もちろんそのほうが話も合うだろうという配慮なのだろうが、Yはモヤモヤしたそうだ。配慮という名の線引き。自動的な線引きが公然と行われることに、Yは愕然とした。

もしかしたら、会社にお勤めの人はさらにそういう線引きを日々感じているのかもしれないと思った。でも、逆もしかりだ。子育てしている母が少ない職場では、ワーキングママが肩身の狭い思いをするという話もよく聞く。カテゴライズすることで摩擦を避けようとする配慮が、逆に摩擦の火種を起こしているケースもあると思う。

さらに、友人Kの話は聞いているだけでちょっと切なくなった。仲のよかった友人Hが高齢出産をしたという。そこから、Hの高齢出産礼賛と説教モードが始まったそうだ。

Kが子供をもたないことに対して、

「Kちゃん、それは『逃げ』だよ！　仕事に逃

げているだけだよ！」

と言って、電話が来るたびにお説教されたそうだ。そして、妊活本や高齢出産本を大量に送りつけてきたという。

え？　産まないことは「逃げ」ですか？

私はこの話を聞いて思った。もしかしたらHさん自身が「子供」に逃げたのではないかと。そして、もしかしたら孤独な子育てに苦しんでいて、子供から逃げたいのかもしれないと。だから、親友であるKも仲間になってほしかったのかもしれない、と。

このふたりは以降、疎遠になってしまったそうだ。この手の話は本当に多いよね。

結婚することや産むことに逃げる人

今のご時世、産まないことは「親になること」や「子育てすること」から逃げているととらえられるのかもしれない。「要は自分勝手で無責任に生きたいだけでしょ」と心ない言葉をかける人もいる。

でも、産まないと決めた人は、少なくとも自分自身とイヤというほど向き合っていて、自分からは逃げていない。欲しくないという意思を貫き、パートナーがいる人はお互いひざを突き合わせて、意思の疎通を図った結果でもある。逃げているどころか、逃げずに立ち止まって向き合った結果、産まないと決めたのだ。

つうか、そもそも自分勝手に生きて、何がいけないの？　結婚しないことや産まないことで誰かに迷惑をかけるだろうか。独身者や子なし夫婦は「苦労していないわがままな怠け者」のように扱われるのも心外だ。

少し前までは、若い人は結婚願望が強いと聞いた。早く出産してお母さんになりたい、という女性も多いそう。よくよく聞いてみると、その根っこには「キリキリとストレスためてまで働きたくない」「頑張って働いても先が見えている」「家庭に入ってのんびり暮らしたい」「夫と子供というステイタスがほしい」などの打算も嗅ぎとれる。不景気が続き、一切夢を見ることもなく、厳しい現実ばかりを突きつけられてきた世代にとって、結婚や出産は「逃げ」なのかもしれないと思った。

でも、若い人たちが出した答えは、なんとなく胸がすく。バブル以降、私たちの世代があくせく働いたわりに、おいしい思いをしている人や幸せになっている人がそんなに多くないという事実。それでも、苦労している人が礼賛される日本の社会に対して、「そういうの、いらないから」と突きはなしたのだ。肩透かしで笑える。

逆に、離婚も多いご時世、結婚自体に何のメリットも感じない人も増えている。結婚して子育てして幸せそうに見える人がいない、ともいう。結婚して子供を産むのが当たり前ではなくなり、むしろこの勢いだと、母親になる人のほうがマイノリティになるのではないかという時代だ。婚姻関係や戸籍、家族の絆や血のつながりにこだわりや押しつけがなくなれば、実にいい社会になると思ったりもする。

それこそいろいろなスタイルがあっていい。独身も既婚も、戸籍には何の関係もない人同士が共同生活を送ることもある。別居婚もあれば、週末婚もある。子だくさんもいれば、子なしもいるし、養子をとって育てる人もいる。一生ひとつの会社に勤めて、ひとつの職業をまっとうする人もいれば、常に複数の仕事を請け負う人もいる。結婚も家族も生活も、いろいろなスタイルが確立し始めているのに、国政や行政が前近代的な家族主義を押しつけてくるから、齟齬が出ているわけで。多様性とかダイバーシティって陳腐になっちゃうけれど、「これがＴＨＥマジョリティ」と決めつけないことが必要なのではないかしら。

産まない人生を明確に説明できるか

ひとつ気づいたのは、私の周りには「産まない人生を選んだ」人が意外に多いという事実。それだけでも私は幸運だ。たぶん、この本を手に取ってくれた方の中には、周囲にそういう人間が少ないという人がいるのかもしれない。言いたいことも言えないこんな世の中じゃとポイズンな気分を常日頃抱いているかもしれない。

だから、産まない人生を選択した人の決意の過程を紹介したい。私も彼女たちの話を聞いて、心がラクになったから。

　コラムニストのサンドラ・ヘフェリンも産まないと決めている女友達のひとりだ。彼女はドイツの文化との違いも含めて、明確に自分の思いを語ってくれた。

「ドイツには産まないと決めていて、断言する人がたくさんいるの。その理由が『だって産むのは痛いじゃない？　欲しければ養子をもらうわ』とか、『出産はグロテスクでイヤだから』だったりもする。感情も含めて、女性が自由に選ぶという感覚に慣れていたから、その調子で私も産まないと話していたんだけど、日本ではまるでそれが犯罪であるかのように言われるんだよね。夫からも『そういうことは大きな声で言わないの！』とたしなめられた」

　サンドラの夫も子供はつくらないという主義だ。ただ、日本では言葉を慎重に選ぶようになったという。産まないと決めた源流には何があるのか。

「ひとつは、ちょっと悲観的なんだけど、今私たちが生きている世界を次世代に見せてあげたい、と思わないから。テロに環境汚染、今は問題が多すぎて、新しい命をつくろうとは思えないの。もともと自分の血にこだわる文化に育っていないし、子孫繁栄や墓守《はかもり》という概念もないからね」

　日本では根深いものがある。孫の顔を見せたい、家系を途絶えさせてしまうなどのプレッシャーは我々の中に確実にある。外圧だけではなく、刷り込みによる内圧とも言える。

「もうひとつは、私はドイツと日本のハーフで、『自分はどちらに属しているんだろう？』などと悩むことが多くて、アイデンティティを確立するまでがとても大変だったから。同じ思いを子供にさせたくないなと思っているの。さらに、夫はロシアと日本のハーフ。となると、子供はドイツ・ロシア・日本の3か国が入ってくるわけで、より大変だろうなと思ってしまう。ふたりでいろいろと考えて結論に至ったの」

夫と向き合って話した結果、ふたりで生きていくことを選んだ。私の周囲では「夫は欲しいが私はいらない」「私は欲しいが夫はいらない」という価値観の相違が多くの悲劇（あるいは喜劇なんだけど）を生んでいる。そこには、夫婦がそれぞれ明確な意思をもっていない、あるいは伝える・説得する技術がないという欠点がある。

サンドラ夫婦は、お互いに明確な意見とビジョンがあり、共有した。そしてもうひとつ大きいのは、ふたりとも今の仕事に対する不満がゼロという点。子供ができたらどちらかが仕事をセーブすることになる。それはお互いに避けたいということで一致したそう。

夫のちんぽを見たことない

もうひとり、独自の結婚観を具現化した女がいる。彼女は開口一番「私は産みません！」と声高らかに宣言した。４年前に結婚したMである。夫とは一度もセックスをしていない。

「私、夫のちんぽを見たことないんです」

話題の本『夫のちんぽが入らない』（こだま著・扶桑社）どころではない。見たことがないのだ。でも、Mの父親は夫と風呂に入るほど仲がよい。つまり父は夫のちんぽを見ている。


Mの結婚生活を少し説明しよう。同じ家に住んでいるが、生活も寝室も別だ。一緒に食事をするのは半年に一度くらい。年齢がひと回り上の夫は、家賃や生活費を払ってくれる。Mは自分の仕事をもっているが、夫の食事だけは必ず作り置きしておく。正月はMの実家で過ごし、夫はMの親から3日間、まるで皇帝のように歓待される。Mはこれを「共同生活婚」と呼んでいる。

「夫は嫌いじゃないけど好きじゃない、普通です。仲が悪いわけじゃないけれど、寝食をともにしてどんどん嫌いになっていく減点方式はイヤだなと思って、共同生活をしているんです。以前、すごく好きになった人がひとりいて、セックスもさんざんして、結婚の約束をしたけれど、結局別れてしまったことがあるんです。だから、今回は結婚してみようかという話になったとき、セックスしないで結婚するのも悪くないと思って。昔のお見合いと同じですよ」

夫は『キテレツ大百科』の勉三《べんぞう》に似ているという。出会ったときはかなり太っていて、歯がなかったそうだ。Mは美容関係の仕事をしているので、さすがに歯がないデブは困ると思い、結婚式までに8キロ痩せさせて、インプラントを入れさせたという。

「そうしたら氷川きよしみたいになったんですよ！　餃子だけ食べさせる餃子ダイエットをして、一緒に歩いて、必死で痩せさせました。でも、この前、久々に夫に会ったら、元に戻ってた（笑）。普段あまり会わないから、驚いたけど」

夫は子供を欲しいと思っていない。そしてMも欲しいと思ったことが一度もないという。

「たぶん、私は弟のおかげで今の心境に至ってるんです。弟が離婚して、生後7か月の子供をうちの母が引きとったんですよ。ババア育児がどんだけ大変か、間近で見ていて痛感しましたから。夫は夫でちょっと根深いモノがあって、子孫拒否のような感覚が強い。夫は女性経験が少ないと思う。そもそもセックスしたことがないからわからないけど」

ということは、Mは誰とセックスをするのか。

「んー、正直もう引退でいいかなと思っています」

山口百恵のようにステージにバイブをそっと置いて……ってそれでいいのか？　ほかに出会いがあったらどうする？

「実は夫の弟が結構タイプなの。迫られたらたぶん受け入れる（笑）。どうしよう、何かあったら!!　なんてね。今の結婚生活は『人を否定しない人生』なので、幸せですよ」

Mは面白すぎて、今後も要経過観察だ。

人には人の結婚生活、人には人の人生観。

親の生きざま、家族の生きざま

ここでひとり、産まない人生と決意できずに、揺らいでいる女も紹介しよう。Rだ。彼女はかなり裕福な家に生まれた。「ファザコンなんです」と言う。40歳になった今でも、80歳を超える父親から仕送りをもらっている。既婚者だが、夫とはセックスレスだ。

それまでは子供を欲しいと思っていなかった。ところが、3年前に父親から言われた言葉で悩み始めてしまった。

「世間では孫が可愛いなんてよく言うけれど、僕は子供がいちばん可愛いと思ってきた。でも、Rにもし子供ができたら、死ぬことも怖くない」

父を尊敬し、愛してやまないRは、その時から子供が欲しいと考えるようになった。ただし、夫は子供を欲していない。さらに、Rも夫とはセックスしたくないと断言する。

「夫とセックスはしたくないけれど、産むなら夫の子がいい。一度、体外受精の話を夫にしたら、シーンと黙ってしまったんです」

彼女の心の中には、ちょっと理解しがたい複雑さがある。実際に、メンタルクリニックにも通ったという。

「六本木でバギーを押している幸せそうな女を見たくなくて、近所のコンビニにも行けなくなったんです。見たくないから引きこもりになっちゃって。でも産まない人生とはまだ言い切れません。不妊治療をやっていない人のほうが、あきらめがつかないんです！」

たぶん問題点はふたつ。父親の期待に応えようとすること、そして夫との複雑な関係だ。夫以外の男とはセックスできるという時点で、その道の専門家に任せる案件でもある。

親はいつか死ぬ。たいていのケースでは子供よりも先に死ぬ。つうか、私たちもいつか死ぬ。親の願いを子供はどこまで実現するべきなのか。そもそも親の世代と私たちの世代では、感覚も環境も概念も異なる。私たちは親の人生の生き直しをするために生まれてきたわけではないと思う。

そして最も大事なこと、それは親の世代は「頭で考えて子供をつくった人はそんなにいない」ということだ。「子供が欲しいか・欲しくないか」という命題をさほど真剣に考えず、できたら産んできたし、無理だと思ったら中絶してきたんじゃないのかな。

今の時代は、「孫がいないと親がかわいそう」と主語がいつの間にか親にすりかえられる場合もあるし、「子供がいないと寂しい」と主語が世間の場合もある。話していて、「あれ？　私や僕が主語じゃないんだ……」と思う人も、実はすごく多い。私が意地悪くなっているだけかもしれないが、妙に気になる。それって誰が言ってるの？　誰がそうしたいの？　あなたはどうしたいの？　と聞きたくなってしまう。

自由になったように見えて、実はがんじがらめになっている。この人たちは、いったいいつから主語を失ったのかしらと思う。

「しめしめ感」を味わえるように

無駄なプレッシャーもかからなくなり、罪悪感も払拭《ふっしょく》して、主語を自分に取り戻してしまえば、もうこっちのもの。子供を産まないと決めたことで、プラスになるという話を。前述のサンドラ・ヘフェリンは「この年になったらもう、しめしめ、ですよ」と言う。

「妊娠・出産は社会的にリスクが大きいと思うんです。仕事をしている人にとっては、たとえば妊娠を告げるタイミングやそれによって生まれる気まずさ、キャリアの中断など、リスクは大きいですよね。そういうリスクから解放されたと思うと、しめしめ、って思いませんか？」

ドイツでは結婚しても、経済的に自立しているのが当たり前。仕事も家庭も男女平等なので、「産まない選択でリスクが減る」という考え方も一般的だ。激しく同意する。

もし、私が産んでいたら経済的損失は大きかったと思う。産休や育休のないフリーランスでは、おそらく「大丈夫です！　できます！」と言っても、仕事はかなり減ったはずだ。仕事先は、母になった大変さを配慮して、頼めなくなる・頼まなくなるものだから。そう考えると、経済的損失を防いだと言える。今は稼いだお金は自由に使えるので、無駄遣いという損失は多いのだけれど。

時間もそうだ。仕事の都合以外は自分のスケジュールが自由自在に組める。夫や子供の予定に合わせなくていいので、飲み会の誘いもひとつ返事で返せる。夜中まで原稿を書いたり、テレビを観たり、本を読んだり。逆に朝から飲みたいなと思ったら、誰に気がねすることなく缶をプシュッとあけられる。急な仕事も突然のお誘いも、予定が詰まってさえいなければ引き受けられる。

あとは、18年飼っている猫が、すこやかに生きて天寿をまっとうできるよう配慮するだけ。罪悪感や世間体を取っぱらうことができれば、本当に自由だ。経済的にも精神的にも肉体的にも。そして、今がとても幸せだと思っている。明日死んでもいいや、と思える今があるのは、私が子供を産まなかったからこそ。すでにエンディングノートも書いてあり、デスクの引き出しに入れてある。パソコンのデスクトップに「遺言」という名のフォルダを用意してある。「死んだら開けて処理よろしく」というファイルの中に、さまざまな手続きに必要な項目を書き出してあるのだ。

前述の中川淳一郎さんも「そうそう、俺らは幸せなんですよ。子供がいたら明日どころかしばらくは死ねないですからね。子孫を残さなきゃいけない義務もないわけだし。俺らみたいに40過ぎた男女がひと晩中猥談《わい》できるって面白いでしょ、ウヒヒヒ」

と笑う。そうだ、私たちは笑って楽しく過ごせばいいのだ。しめしめ、ウヒヒヒとほくそ笑んでいこう。

子供ができたら、正直、どうなの？

子供ができたら生活が一変する。友達との付き合い方も変わるし、物事に対する目線も変わる。ひとり、ものすごく面白い変化を話してくれた人がいる。前述の安彦麻理絵の夫・Sさんだ。彼は、小学生の子供３人と柴犬と面白い妻に囲まれ、結婚生活をどのように考えているのか。

「もうこれで自分に構わなくていいと思うと、ラクになった」

と言うのだ。そもそも、自分自身のことを考えるのが面倒くさかったという。Sさんは決してズボラとか怠け者とか面倒くさがりではない。むしろまめで真面目で、非常にまっとうな感覚をもっている人だ。おそらく自分の才能や煩悩、矜持、仕事のうえでの悶々とすることなど、深く考え込んでしまう繊細さがあるのだろう。

でも、今は妻と子供と犬のことだけ考えればいい。妻とともにフリーランスのイラストレーターとして稼ぎ、家計を支え、家のローンを払い、子育てをして、犬の散歩をして。傍《はた》から見れば、３人の子持ちは毎日大変そうだなと思うのだが、彼はラクだという。

子供がいないことでアイデンティティが確立する人もいれば、子供ができて自我に目覚める人もいるのだ。すごく素敵だと思う。自分自身の変化を自然と受けとめているから。

子供ができたことで後悔する人も、実はいると思う。周囲からおいてきぼりになったような気分になる若いママも多い。独身や子なしの友達は夜中まで遊んで、好きな時に旅行へ行き、気に食わない家は引越し、ガンガン仕事できる。自分は子供のせいで自由がなくなってしまった……と。まるでハズレくじ引いたかのように思ったりもするだろう。

え？ しない？ 心の中でそう思っていても口に出さないだけではないか。あるいは、ほんのちょっとそう思っていたとしても、子育ての喜びや楽しみ、プラスの面がそれを上回って、打ち消してくれているのではないか。

テレビドラマでは、母から子に対する最大の侮辱として、「あんたなんか産まなきゃよかった」というキラーフレーズがある。それを言われた子供はどう感じるかと思うと、言ってはいけない言葉だなとは思う。でも、子供を産んだらすべての女が母になり、貞淑な女になり、良妻賢母の聖人にならなきゃいけないというのも、ちょっと歪《ゆが》んだ刷り込みじゃないかな。その呪縛に苦しむ母もたくさんいるんじゃないかな。

前述のサンドラがドイツのある本を教えてくれた。イスラエルの社会学者（Orna Donath）が書いた本で、『#regretting motherhood Wenn Mütter bereuen（母になって後悔する）』（アルブレヒト・クナウス社）という本だ。日本語訳されていないため、私には読めないのだが、サンドラが概要を教えてくれた。要は、母親になったことを後悔している女性の研究で、23人の女性たちが自分の人生や気持ちを語っているのだとか。実名ではなく仮名で登場する彼女たちは、「もし時計の針を戻せるとしたら母親になることを望むか？」と聞かれて、「NO」と答えている。日本ではたぶん訳されないだろうな……。

母になって後悔する、母になれなくて後悔する

母になって後悔する、というのは非常に重いテーマだし、タブー視されるだろう。日本では確実に流通しなさそうな気がする。さらにサンドラは教えてくれた。

「ドイツでは映画でも本でも、こうしたシビアなテーマが積極的に発信されているの。ツイッターでも『#regretting motherhood』には大きな反響があったみたい。ほかにも、同様の本は何冊か出ていて、女性の著者による『母親であることが幸せではない時』とか『母親であることがハッピーだという嘘』という本まで。ちなみにサブタイトルは〝私が母親ではなく父親になりたかった理由〟で、これには笑ったよ。確かに周りを見ていると、子育ては結局父親よりも母親のほうが大変だからね」

日本のように男女不平等に慣れ切っている国とは異なり、ドイツでは女性たちが主語＝自分で、とても自由に語っているんだなぁと思った。でも、共通項はある。日本でもドイ

ツでも、「理想の母親像」を押しつけられて苦しんだり悩んだりしている人が少なからずいる、ということだ。

私は母になれなくても後悔していない。いったいどの段階までさかのぼって後悔すればいいのかがわからない。子供が欲しいと思えなかった頃を？　不妊治療を早くやらなかったことを？　ピルをずっと飲んでいたことを？　ひとつも後悔していないし、過去の自分を責めてもホントしょうもないと思うんだよね。

世の中にある「もし論」（もしあの時こうしていれば、とか、もしあの時こうしていなかったら、という想像）って、無駄だと思う。飲み屋でネタとして話すには面白いけれど、いつまでも自分を責めたり他人を罰したりするのは疲れるし、非建設的だ。

だから、母になった人は誰かに押しつけられる理想の母親像を吹き飛ばしてほしいし、母になれなかった人は母にならなくてよかったとプラス思考になるしかない。

私自身はこう思う。母になれなかったことで、子供のお手本にならなくていい立ち位置を得られた気がする。ちょっと間違っていても、ちょっと道を外しても（犯罪は別だけど）、お手本にならなくていいし、倫理的に正しい道徳的な大人のふりをしなくてもいい。

本当は母になった人だって同じなのだが、目に見えない圧力が違うだろう。「ちょっとキテレツな人」になると、人生は本当にラクだ。

家業を継いだ夫と遠距離別居婚をしている私は、たぶん世間一般的にはキテレツなのかもしれない。「別居だなんて寂しくない?」「なんで結婚したの?」と言われることも多い。

好きだから結婚したわけだし、不妊治療のために婚姻した。家計も生活も別々。ただ一緒に住んでいないというだけなのに、なぜか世間は夫婦仲を疑う。別居という響きが、夫婦不和を象徴するらしく、うまくいっていないから別居なのだと勘違いする。

でも、ほぼほぼ毎日スカイプで顔を見ながら会話するし、3か月に一度くらいは会う。3日間くらいはずっとべったり一緒にいて、またそれぞれの生活に戻る。喧嘩《けんか》もしないし、嘘や隠し事もない(と思う)。お互いに対する愚痴もない。これ以上の幸せはない。

キテレツのすすめ

直接聞いていないので真相はわからないが、おそらく私は夫の実家方からすれば「キテレツな嫁」だ。結婚してもほとんど来ない、ライターだかなんだかのヤクザな仕事をしている、しかも時々テレビに出たりして、正体不明のバツあり女だから。料理もしない、子供も産めない、家業も手伝わない、決して「いいお嫁さん」ではない。

でも、夫のことが好きだ。日本でいちばん好きだし、今までの45年間の中でも最も好きになった男だ。いい嫁と思われなくてもいいし、好いた男と結婚できたのだから充分に幸せだ。

たぶん、いい女・よき妻・いい嫁・よき母・いい人になろうと頑張っちゃうから、無理が生じるのだ。結婚しようがしまいが、子供がいようがいまいが、「私はこう思う」と意志表示できる人になればいい。でもあくまで自分がマジョリティではないこと、それが正義ではないことを自覚しておくことだ。

先日観ていたドラマ『あなたのことはそれほど』（ＴＢＳ）で、すごいセリフがあった。不倫に突っ走る主人公の親友（大政絢《おおまさあや》）が吐いたセリフだ。

「気持ちいいんですよ、自分が絶対的正義の立場から説教するって」

不倫は罪、が絶対的正義という。妻は恋をしてはいけない、というのが絶対的正義。妻は慎ましく優しく穏やかで貞淑で道徳的でなければいけないって……押しつけられたら疲れるわな。常日頃から正義を疑えと思っているし、正論を振りかざす人ほど中身が空っぽだったりする。ドラマの中で、大政絢は告白する。

「でも、どこかでうらやましいと思っていたのかも。間違った恋に突っ走れるなんて、思いっきり人間してるなぁって。だからってあんなにしんどい生き方イヤですけどね」

軽蔑と羨望は表裏一体であることを非常にうまく表現していて、感心した。

こうあるべき、という縛りからできるだけ自分を解放してあげること。こうあるべき、とマウントしてくる人には、にこやかに接し、そして全力で逃げること。あるいはガン無視すればいい。そんな人と過ごすのは、自分の人生時間の無駄使いだよ。

そりゃ誰だって、いい人と思われたい、そして人から嫌われたくないという気持ちはある。理想のイメージもあるだろう。でも、自分に、あるいは他人に嘘をついてまでそのイメージを保ちたい？　近づきたい？　そうありたい？　虚像ほど虚しいモノはない。

長い人生を生きてきて、何人か虚言癖の人に遭遇したのだが、なんというかイメージ作りに必死で、人間関係の本質が見えていない人ばかりだった。また嘘を重ねているうちに、自分がついた嘘ですら忘れてしまい、周囲の信用を失っている人も多かった。虚言癖の人は裏を返せば非常に魅力的でもあるため、ものすごくもったいないなぁと思う。

世間体を気にして、男の目を気にして、女同士のヒエラルキーを気にして……って、気にしすぎて時間がなくなっちゃう。そのまんまの自分でいられることを選ぼうよ。

夫の思いを掘り返したら驚きの事実が

自分の思いと主張だけをとにもかくにも語ってきたわけだが、ここである人物に登場してもらおう。夫である。夫との過去をそれなりにあけすけに説明したのだが、実のところ、夫はどう思っていたのか、どう考えていたのか。

「結婚した時は子供を欲しいなと思ったよ。せっかくだったら自分の遺伝子を残したいと思ったし」

結婚したのは不妊治療のためなので、このあたりは微妙に記憶があいまいになっていると思われる。でも遺伝子を残したいと思ったのか……すまんな、残せなくて。

「しょうがないじゃん。まあ、友達や知り合いの子供が高校生で野球やっているとか聞くと、うらやましいなと思ったりするけどね。ないものねだりをしてもしょうがないから、そういう子たちを応援するってことで」

不妊治療に非協力的かつ懐疑的な男性が多いという嘆きはよく聞いていた。実際に、ある飲み会で出会った、非常に知的な男性が思いもかけない言葉を発したので驚いた記憶がある。彼は「不妊治療で産まれる子供には高確率で問題がある」と発言したのだ。本人にそういうイメージをもたせたのは、たぶん周囲のごく一部の人の経験であって、不妊治療すべてが主語ではない。でもその悪辣な印象操作は、余計に産めない女性を苦しめるだろうなと思った。

で、うちの夫はというと、非常に協力的だった。協力的だが、実際にはなんにもできないというのが実情なのだけれど。

「潮ちゃんがやりたいと言って始めたことなので、そりゃ協力するよ。でも俺から不妊治療をやってくれ、とは言えないし、言わないかな。いくら金があったとしても、大変な思いをするのは女性のほうだから、強制的にやらせるようなことはしないよ」

その節は大変お世話になりました。そういえば……若かりし頃に女性を妊娠させたことがあると言っていたっけ。

「うん。実は3人くらいいたんだよね。うちふたりは中絶したと言っていたんだけど、ひとり、年上の女性はなんだかんだで別れて、音信不通になっちゃって。仕事をやめて実家に帰ったと聞いた。後から聞いた話では、女の子がいるんだって」

え？　それってあなたの子をひとりで産んだんじゃないの?!

「いやわからない。でも別れる前に『子供好き？』って聞かれた。その時なんて答えたか忘れちゃったけど、役者やってて、とても養える状況じゃなかったから……」

うぉぉ！　知られざる家族の過去！　ファミリーヒストリーじゃねーか。もしかしたら遺伝子を残せたのかもしれないよ！　逆に、すごいぞ！　連絡とれないのか?!

聞いているそばから興奮した。だって夫の子供がいるかもしれないなんて！

大事なこと、それは「人は忘れる」ということ

夫に子供がいるかもしれない。それを聞いてなんだか嬉しかった。もう成人しているだろうけれど、遺伝子を残すことができたのだったら、喜ばしいことじゃないか。会いたいとかそういうことではない。私じゃない人がつなげてくれたとしても、それは嬉しい。その元彼女と娘かもしれない子に会ってみたいと思わないの？

「東北の宮城が故郷だと聞いていたから、東日本大震災の時、フェイスブックで探してみたけど、見つからなかった」

そうだね、過去は過去。夫の子供じゃないかもしれないし、しかも夫はフラれたわけだし、配偶者として選ばれなかったのだから。ほかの人と結婚しているかもしれないし、亡くなっているかもしれない。でもきっと彼女も娘も幸せな人生を送っているに違いない。そう思うほうがいいよね。

つうかフェイスブックで探したのか……。フェイスブックめ（ちなみに私はフェイスブックをやっていない。夫のアカウントを作ってあげて、ＳＮＳに慣れるよう勧めたのだが、自分は過去の人物とつながるのが面倒くさくて、やっていない）。

真実はわからないけれど、ひとつの仮定としては、ロマンチックだなぁと他人ごとのように思った。

そういえば、私が不妊治療でじくじくと腐っていた頃は、パンダの赤ちゃん誕生ですらうっとうしいと思っていた。

「パンダですら産めるのに！　トキでさえ繁殖してるのに！　動物畜生にできて、なぜ人間の私にできないのか！」

なんて思ってたなぁ。黒い潮。もう今となっては、手放しで拍手できるようになったし。

結局、大事なのは「人は忘れる」ってことだ。痛みも苦しみも苦い思い出も、そして自分に関係のないことはすっかり忘れる。それでいいのだ。

夫は過去の経験上、子孫拒否のような感覚があった。もちろん結婚して家族を養う自信も経済力もなかった、というのも大きい。ただし、通り過ぎて行った女性たちとの確執で、苦い経験をしたのだろう。

私の日記にはいろいろなものがはさまっていて、当時、夫と付き合っていた時に「子供が欲しい・欲しくないの問答」をA4用紙2枚にまとめたものが入っていた。夫も私も忘れていたが、あきらかに私たちの間には温度差があった。お互いに機が熟した時には時すでに遅し。でも、人生ってそういうものだと思う。思い通りになるはずがない。

イヤなことやツライことは忘れるほうがいい。いつまでもうじうじと過去を引きずっていてもしょうがない。それよりもこの先、明日、明後日、1か月後を考えるために時間を使ったほうが生産的だ。今自分でも気づいたけど、目先のことしか考えてないんだな……。

女の心にはいつも乙女と小姑が

私の親友Nは心にオッサンがいる。しかもバリバリ右で超保守的。EXILEのメンバーのひとりの大ファンなのだが、東京都民ではないのに石原慎太郎を支持していたし、大阪市民でもないのに橋下徹を好きだという。自民党寄り・マジョリティ寄りでもある。サンドウィッチマンばりに「ちょっと何言ってるのかわからない」くらい、趣味が合わない。政治の話をしていても、野球の話をしていても、何ひとつ私と合わないのだが、大親友である。大学の同級生として付き合い始めて、もう27年が経つ。

で、このオッサンのほかにも、彼女の心には小姑《こじゅうとめ》がいる。若くてキレイな女に対して、ホントにこうるさい。キャピキャピした女子アナウンサーが大嫌いで、見た目が華やかで媚びるのがうまい女を敵視している。仕事ができない女も大嫌いのようだ。かなり性根の腐った小姑である。

それでも自分の恋愛ともなると、途端に乙女になってしまう。些細なメールの文言で一喜一憂したり、ウブな一面も見せたりして忙しいことこのうえない。要するに、右寄りのオッサンとクソ意地悪い小姑と乙女が同居している多重人格者ということだ。

正直、オッサンは必要ないが、内なる小姑と乙女の組み合わせを抱えている女は案外多い。ほかの女の「オンナ性」には手厳しく批判的で、自分の純粋性は保っている、面倒くさい女だよ。これ、ディスっているわけではなくて、女は基本「デフォルトふたりの女」という意味だ。

私自身も面倒くさい女だ。世間体を気にしないフリをしてサバサバ女を装う、強くていいかげんなクソババアの私と、ホントは世間の迷いごとやちまちましたことにとらわれていて、心がちっとも自由じゃない小心者の私。どっちも私。小姑でもクソババアでもあばずれでもなんでもいいんだけどさ、自分の中の二面性を知るってことも大切だ。

他人と比べることをやめて、自分の中のふたりを比べてみると面白いのではないかと思う。実質どっちが割合として多いのか。他人からはこう思われたい自分と、本当の自分もかなり違う気がする。

40代に入れば、その二面性もうまいこと飼い馴らすことができて、しかも折り合いがつく。他人からこう思われたいという自分は、いつの間にかいなくなる。もちろん、20代でも30代でも達観している人はいるけれど、まあ、40にもなるといろいろなものがとれて、肩の荷が下りていく。

「子供を産みたい」という気持ちもあっという間に消えていく。親友Nも私も、30代の時にうっかり「子供を産みたい自分」がいたのだが、今となっては思い出せないほど。「ああ、あのとき私たちは風邪ひいたんだよね」くらいにしか思っていない。「子供を産まない人生」を歩く自分と、今の生活を心の底から楽しんでいるからだ。

第7章

産んでも女、産まずとも女

男の気持ちになってみる

子供が欲しいと願うのは女性だけではない。男性にも「結婚はしたくないけれど、子供は欲しい」という人がいる。恋愛は面倒くさいが、子孫は欲しいという。

先日も乗車したタクシーの運転手さんと話し込んで、そんな話を聞いた。私、タクシーの運転手に話を聞くのが好きで、ついつい突っ込んだ話を聞いてしまう癖がある。

彼は30代。前回の恋愛で非常にツライ思いをしたらしい。どうやら不倫だったというのだ。あらやだ、おばちゃん、そういう話が大好物よ！　彼は独身、相手は人妻。でも夫にバレて、フラれてしまったという。おお、それはそれはなかなかにツライ経験をしてるね。でもいい経験だったよねぇ。そんな彼は、

「いろいろあったことも影響して、今は結婚したいと思いませんね。思うんですけど、僕、子供大好きなんですよ。だから、子供だけは欲しいなって思うんです」

あら……女の価値も急落しとるやないか！　条件だのスペックだのとうるさい女は、正直カンベン、という殿方も多いようだ。私は女なので、男の気持ちがようわからんが、ちょっと男サイドに立って考えてみようと思う。

自分は妊娠・出産することができない。でも好きな女が自分のＤＮＡを残すべく、それ

こそ命をかけて、産んでくれようとしている。

でも自分は何もできない。痛みや苦しみを代わってあげることもできない。彼女にとって生活の不都合や不便を極力排除して、激励しつつ、寄り添うことくらいしかできない。たぶん、男は自分の子供が産まれることによって、「己の不全感」を味わうんだろうなと推測する。そして、子育てに不慣れな妻がどんどん子供という生き物に順応していく。その姿を見て、自分も何かしなくちゃいけないと思うが、うまくいかない。そこでも自分の不甲斐なさを痛感するに違いない。

うわ……結構、男もつらいな。不器用な男ほど、女の順応力に自分の無力さを思い知って、平伏《ひれふ》すかもしれない。自我の崩壊だね。無力というところがポイントだ。そこに挑む覚悟は必要だと思う。女だって命がけなんだから。

父になった男性はどれくらい覚悟しているものなのか。子供ができたと言われて覚悟できるものなのか。不安やプレッシャーはないのか。すごく怖いなぁ、いやだなぁと思ったりしないのだろうか。快楽とともに射精しただけで自分の子供ができるのだから、気楽なもんだと女は思ったりするのだが、実際には得体のしれない不安と恐怖があるんじゃないのかな。自分が主語だけど、述語は自分じゃないって考えただけでゾワゾワする。

ふと、我が夫に聞いてみた。私という女でよかったのか。

「面倒くさくないし、自分が普通でいられるから幸せだよ」

と答えた。もし私たちに子供ができていたら、かなり面倒くさいだろうし、普通ではいられなかったと思う。たぶん、主語が自分ではなくなっただろうな、私も夫も。

幸せってなんですか

自分にとって何が幸せか、考えたことがあるだろうか。

「どんな時にいちばん幸せを感じますか？　３つ挙げてください」という問いに、思い浮かぶことを言うならば……。

「晴れた日に干した布団の上で寝る時」である。自分で答えておいてなんだが、そこに人はいない。幸せの構図には自分ひとりしかいない。太陽と布団さえあれば、私の幸せは成立する。

もうひとつは「たんぱく質を摂取している時」。炭水化物もおいしいのだが、肉や魚、卵、豆などのたんぱく質って、幸せな気分にしてくれる確率が高いと思う。ここにも人がいない。たんぱく質と自分がいれば、私の幸せは成立するのだ。

最後は、「猫を太ももの上にのせて背中を撫《な》でているとき」だ。うちの猫は非常に凶暴な女王様なのだが、やわらかい毛を撫でているとき、幸福感が増す。猫がいれば、私の幸せは成立するということだ。

あれ？　ほかの人がいないじゃないか。夫はどこへ行ったんだ？　友達はどこへ行ったんだ？　ものすごく厭世《えんせい》的で寂しい人じゃないか。

でも、めっちゃ楽しいとか興奮するとか気持ちがいいとは異なり、幸せは日常に潜んでいて、ふっと感じるものじゃないかと思うのだ。

そして我が家は別居婚。日常に夫がいないので、どうしても優先順位が低くなってしまう。

でも、人間を絡めた幸せの瞬間でいえば、夫が確実にエントリーする。

「一緒にご飯食べながらテレビを観て、あーだこーだと言ってる時」

「疲れて寝てしまった夫の口を無理やりこじ開けて歯ブラシを突っ込む時」

である。こんな些末なことが幸せだ。幸せのハードルが低いのかもしれないが、そんなもんじゃないかと思っている。こりゃ老後が楽しみだ。

いずれ一緒に住むようになって、たんぱく質をとりながら、テレビを観て、あーだこーだと話をする。寝

てしまった夫の傍《かたわ》らで、猫を撫でる。歯を磨いてない夫の口に歯ブラシを突っ込んで、無理やり歯を磨かせる。そして天日に干した布団で寝る。ものすごい幸せコンプリート。子供がいなくても幸せの構図が想像できる。

逆に夫がどういう時に幸せを感じるのか、聞いてみた。「風呂に入ってる時」「飯食った後にゴロッと横になってテレビを観てる時」「新幹線で東京へ行く時」「高校の時の友達といる時」だそうだ。あれ？　私がいない……と思ったが、東京へ行くというのはつまり私の家に来る時だ。一応、構図の中に私も存在する。

世間からは、別居していてほとんど会っていなくて、子供もいなくて、寂しい空疎な夫婦関係に見えるかもしれない。

でも、私たちは些末な幸せを充分に堪能しているのだ。

ブルース・リーの逆バージョン

子供をもつことについて、こんなに自分の脳みそをほじくり返したり、日記を読み返したのは初めてだ。ブルース・リーの映画では「考えるな、感じろ」だったけど、その逆バージョンを今味わっている。「感じるな、考えろ」と。

はたと気づいたのだが、私は「産まないこと」を考える機会を与えてもらったのかもしれない。

というのも、私は特に悩むことなく、意外とすんなり、24歳の時に結婚した。結婚願望があったわけでも、結婚に焦ったわけでもない。お互いの経済的な安定につながると思っただけで、すんなり結婚した。つまり、「結婚する・しない」というお題を深く考えることがなかったわけだ。

離婚した後も、紆余曲折あって、すんなりではなかったけれど、再婚した。なんというか、「熱望したわけでもなく、ごく自然に、なりゆきで」結婚している。

正直、結婚できないと嘆く人の気持ちがわからない。「好きになった相手と全力で関係を深めていけばいいだけじゃないの?」と思ってしまうし、結婚なんてただの契約、そう難しく考えることじゃないと思ってしまうのだ。

でも、結婚したくてもできない人、ご縁がない人にとっては、「結婚する・しない」を深く考えたり、選択肢を吟味したりするだろう。本当に自分は結婚したいのか、本音は独身のままでいたいのではないか、と自分の人生の着地点を考えたりするのだと思う。

これ、子供をもつことと同じじゃないか。

「熱望したわけでもなく、ごく自然に、なりゆきで」すんなりと出産した人は、子供をもつ・もたないことについて考えたりしないだろう。考えている暇もなく、子育てに突入する。そんなことより乳やらなきゃ、ギャン泣きを止めなきゃ、と忙しいのだから。妊娠・

出産なんて、そう難しく考えることじゃないと思っているかもしれない。

でも、私のように子供がなかなかできない人は、「子供を産む・産まない」を深く考える。考えすぎてよくない方向へも行ってしまう。

つまり、結婚していない人も子供を産んでいない人も、そうでない人に比べたら、人生の着地点を考えるチャンスを与えられているとも言えるのではなかろうか。

その代わり、ほいほい何度も結婚する人やポコポコ子供を産む人は、結婚や子育ての苦しみと喜びを与えられている。さらに次なる試練も待ち受けているわけで。

ブルース・リーの教えのように、考えずに感じるまま生きられたら、ラクだったかもしれないなぁ。

でも、「子供を産む・産まない」という命題に取り組んだだけ、自分を掘り下げることもできたし、決してマイナスではなかったと思いたい。つうか、思ってる。考えすぎて知恵熱出そうだけれど。

オンナ性に自信ナシ。女装気分

私が子供の頃は、なんとなく性別による色分けが存在していた。女子のランドセルは赤。筆箱は赤やピンク。持ちものは赤系・暖色系。別に色の好みに性別は関係ないのだけれど。

幼少期の写真を見ていて、気がついたことがある。モノクロの写真はさておき、カラーの写真の中で私が着ている洋服は、基本的に赤やピンクが多い。フリルのついたものや、スカートもはいていた。当然と言えば当然だが、母が選んでいるからだ。

ところが思春期になると、黒や茶、青を好むようになった。赤やピンクがなんだかとても恥ずかしくなった。そして、可愛いものや美しいものが好きと言えなくなった。面白いものやカッコイイものが好きになった。

なぜ、赤やピンクが恥ずかしくなったのか。肉体的なコンプレックスがあるからだ。

もともと地黒で、メラニン色素も多い。女らしい体の丸みやふくらみは、第二次性徴期の証であるはずだが、私には来なかった。おっぱいはほとんどふくらまず、谷間というものもついぞ来訪せず。友人がブラジャーを買いかえる話がうらやましかった。Bカップから C カップへ、C カップから D カップへ、誇らしげに肩ひもを調節する友達たち。私のおっぱいは大きくならず、代わりに身長と靴のサイズだけがすくすくと伸びていった。

中学校を卒業する時点で、身長は確か１７２センチに。靴のサイズはかろうじて25・5センチ。これ以上大きくならないようにと、小さな靴を我慢してはき続けた結果、足の第二指の関節が曲がってハンマートゥになっていた。周囲の友達の成長が次々と止まり、１５０センチ代で可愛らしい女性らしい体になっていくのに、私は天へ天へと伸び続けていった。もうこの時点で、女らしいという形容詞をあきらめていた。

少しでも女らしい服を着ると、「なんかイメージ違う」と言われることも多かった。男みたいな体型なのに、女らしい服装をしていることに違和感と羞恥心を覚えた。女装しているみたいなのだ。要するに、自分の中の「オンナ性」に自信がなかった。下手にオンナ性を追求しても、痛々しいだけだと悟ってしまった。恋やセックスを謳歌し始める思春期に、私は自分の中のオンナ性を否定していたのだ。

そもそも、当時は服や靴のサイズがなかった。友達と買いものに行っても、同じ店に私が着られる服はなかった。丈がつんつるてんになるか、キツくて体が通らない。女友達と一緒にいても、自分だけ女装している気分をずっと味わっていた。今でも実はちょっとある。

「女の人ってホント手足が小さくて可愛いなあ……今度生まれ変わったら、レギュラーサイズに生まれてみたいなぁ」

と、常日頃感じておる。太っているのは痩せればいいし、ブスは整形すればいいけれど、背が高いのは決して縮められないんだよね。

オンナ性より豪快さん

思春期の頃の悲しい話をもう少し。当然だが、男子からは性的対象にはまず見られない。プライドの塊である思春期男子は、自分よりも背が高くて、色黒のブスには目もくれない。

自分で言うのもなんだが、私は頭もそこそこよくて、言うことも面白いし、女子ウケは抜群によかった。性格も悪く、男をたてるよりも自分の意見を言うタイプなので、男子からは敬遠というか忌避の的だった。

心の中では優しい男子に手助けしてもらうファンタジーもちょっとはもっていた。本棚の高いところに手が届かずに苦戦していたら、後ろからサッととってくれる……ただし、それには1 9 0センチ以上の人が必要だった。つうか、私、どこにでも手が届くので、苦戦することがなかった。

自転車に乗る彼の後ろに横座りでチョコンと座ってみたい……と思っていたけれど、チョコンというのがそもそも体格的に不可能だった。自転車もバイクも運転する側だった。ケガをしたときにお姫様抱っこで介抱してくれて……というのも不可能だった。逆に、相手の腰を傷めさせて恨まれることしか想像できなくなっていた。

私の思春期のファンタジーはさておき。思春期の男子というのは、地球上で2番目に残酷な生き物である。あ、1番は思春期の女子なんだけどね。オレ様がイケてていちばん面白いと思っている男子たちからは、割と目の敵にされた。石をぶつけられたこともあるし、容姿を面罵《めんば》されたこともある。

でも、そういう男子はたいていがバカだったので、視界に入れなければ済む。しかも、バカじゃない男子が周囲にたくさんいてくれたおかげで、楽しい思春期を過ごすことができた。特に、高校2年・3年の時のクラスには、バカな男子がひとりもいなかった。ほかのクラスにはバカがたくさんいたのに。奇跡のクラスだと思った。私はツイてると思った。

当時はオンナ性よりも、性別と関係のない面白さを求められていたような気もするし、そこに応えたい自分もいた。ちょっとでもオンナ性を出すと、「え、それは潮じゃない」と言われるんじゃないかと思って、サバサバした豪快さんになろうと努力もした。

こうして、見た目に合致したパブリックイメージをまっとうして、思春期を乗り切った。今となっては、それがよかった。いつまでもオンナ性にしがみついて、フェイスブックが痛い自撮り写真のオンパレードになるよりは、精神的に健全だと思っている。

そして、仕事のうえでも基本的にバカな男は寄ってこないので、何ごとも案外うまく回っている。あの時のバカな男子たち、私に石を投げつけた男子や面罵してきた男子は元気かしら。きっとこの年になっても相変わらずバカなんだろうなぁと思う。あるいは、このご時世だもの、社会的にはくたばっているに違いない。

宗教が違う女たち

逆に考えれば、女子ヒエラルキーのような世界にあまり生きてこなかった。容貌の美醜、金の使い方、ハイソな暮らしぶり、住んでいるマンションの階数……ありとあらゆるもの

を比べて優劣をつける。そのためには嘘をつき、自分を盛るのも厭《いと》わない。たとえば、

「女の価値はプレゼントの総額」

「男ウケだけを優先するモテ系ファッションとメイクで女子力アピール」

「スペックの高い男と結婚した女が勝ち組。顔は二の次、年収重視」

「10歳若く見せるために競い合う（通っている美容クリニックは決して明かさず）」

と、ドラマさながらの女の争いが世界各地で勃発しているらしい。

私はこういうことに巻き込まれたことがない。いや、属したこともない。属していたことがあったのかもしれないが、競争相手として認定されなかった。

そういえば、中学校の時に美人の女の子がクラスにふたりいた。このふたりは、何か目に見えないライバル心があって、その飛び交う敵対心を面白いなぁと思って眺めていた記憶がある。ひとりは茶髪で巨乳の女子。ちょっとというか、かなり頭は悪かったのだが、いつもいいニオイがして、色っぽかった。中学生でも性的にかなり活発な子だった。

もうひとりは、長い黒髪の正統派美少女。今で言えば、桐谷美玲をさらに美人にして地味にしたような外見で、色白で細身の体には純潔が滲《にじ》み出ていた。

このふたりは常に敵対していたようで、「え？　そこで？」と思うようなことでいちいち対立していた。私は両方から相手を貶《おとし》めるような言葉や、相手が自分のことをいじめるといった内容を聞かされた。正直、どうでもよかった。ふたりとも特に仲がいい友達では

なかったので。だけど、美人って大変なんだなぁと思った。常に監視して干渉し合わなきゃいけないのかと思うと、ブスのほうが生きやすいなとも思った。

女子ヒエラルキーで生きてきて、常に「男に選ばれることを上とする」「女たちの間でも上になる」ことを目指してきた女性とは、いわば、宗教が違うのだ。この「宗教が違う」という言い回しは友人の大久保ニューさんが教えてくれた、素晴らしい諦観の概念である。

結婚する・しないでなんとなく物別れになるのも宗教の違い、子供がいる・いないで対立するのも宗教の違い、男に貢がせるのが当然の女と自分で稼ぐのが当然の女の人生観の相違も宗教の違い。宗教が違うと思えば、ああ、そうかと納得がいく。

もし、今自分が信仰している宗教で、年齢とともに違和感や限界を感じ始めたという女性がいたら、こっそりこう言ってあげたい。

「思い切って改宗という手もあるよ」

ただし、自分の宗教に引き込もうとは思わない。信仰は自由だからな。

女のマウント、男のマウント

女性にマウンティングされたことが今までにあったかなと振り返ってみる。

「産んでいない人にはわからないわよ」的なことを言われたことがあっただろうか。たぶん私の周囲にそういうわかりやすい「上に見る・下に見る」女がいないから、記憶にほとんどない。

母的マウントはないけれど、オンナ的マウントは1回だけある。思い返すと、今でもじわじわと嫌悪感が滲み出るな。

昔、付き合っている男性が一時的に飲み屋をやっていた時のこと。客として飲みに行き、楽しく飲んでいたのだが、その男性の元カノがこれから来るという。ま、今付き合っているのは私だし、彼女のワガママについていけなくて別れたのだから、余裕ぶっこいて迎えてやろうではないか、と思っていた。

その元カノは色白の美人だった。そしてとても色っぽい人だった。仕事はできなさそうだけれど、魅力的な外見であったことは確かだ。元カノは私の隣に座り、やたらと私の手を褒める。そしてこう言った。

「手はキレイですねぇ」

え？　手がキレイじゃなくて、手はキレイ？　どういう意味？

「あんた、顔はブスだから、褒めるところは手しかねーよ」

という意味にしかとれなかった。「美人の私よりも、こんなブスが後釜《あとがま》に座るとはねぇ」という心の声も聞こえた。これは挑戦状か？　私はモヤモヤして、その後何を話したか覚えていない。

元カノが帰った後、彼に言った。「もう二度とあの女と私を会わせないで！」と。

ひがみである。

私は彼女の容貌にひがんだ。そして彼女は現在の恋人である私をひがんだ。お互いのマウンティングが炸裂した瞬間だった。

「彼女はそういう意味で言ったんじゃないと思うよ」

という彼の言葉は無視した。おめえにはわかんねーよ！　確かにあの時、お互いの刃を交えた。戦った者同士にはわかる。あの刹那《せつな》の緊張感。助詞ひとつによってピンと空気が張る瞬間。あれが記憶に残るマウンティングだったなぁと。

一方、男のマウントは頻繁にある。

「女のくせに」「ブスのくせに」「バカのくせに」という、性別や容姿や学歴による稚拙なマウントはカウントし切れないくらいある。

でも、それを相手が言葉にした瞬間に、私はコイツに勝ったなと確信する。キャンキャン吠えてるバカ犬にしか見えなくなる。

「お前よりも俺のほうが上だと認めろ！」というのは、マウントというか醜い嫉妬だ。男性の場合は、存在自体を無視するのが効果的。

女のマウンティングはのちのち酒の肴になるけれど、男のマウンティングって、ホント価値がないんだよね。

オンナ性の源はなんだろう

オンナ性の身体的イメージは、単純に言えば乳房と子宮。源を辿れば女性ホルモンということになるのだろうけれど、乳房や子宮がなくても女だし、女性ホルモンが出なくなっても女である。そこに固執してしまうと、すべてが女性ホルモンに翻弄されて、ゆだねられて、依拠することになってしまう。

言葉を選んで書くべきだとは思うが、子宮がんや乳がんになった時、摘出手術を拒む女性もいる。「乳房を取ったら、子宮を取ったら、女でなくなってしまう」と考える人がいる。もちろん、生活全般のことを考えると、できるだけメスを入れたくないという気持ちもあるだろう。個人差は大きい。

私にもし摘出手術が必要になったら、できるだけ迅速に摘出してほしいと思っている。言葉は悪いが、とっとと取ってほしい。それで病巣が取り除けるなら、治癒するならば、よい方向へ向かうのなら、躊躇《ちゅうちょ》はしないだろう。女としてのこだわりよりも、命を選ぶ。なぜなら、女性の特長である臓器を取ったとしても、私が女であることに変わりはない。オンナ性は体じゃない。自分自身だと思う。

今の時代、女らしさという言葉自体も、人によって定義が異なる。身体的特徴を表すこともあれば、元気で活発でエネルギー値が高い人を「女子っぽ～い」というケースもある。面白い話のひとつもできないが、相槌《あいづち》を打つのが上手な人を女らしいと評価したり、人の話を聞かないタイプの人が「いかにも女だよね～」と言われることもある。髪の毛が長いだけで女らしいという人もいれば、ジーンズにTシャツでも女らしいと表現されることもある。もう、女らしさも多様性がありすぎて、いちいちこだわるのもバカバカしい。

嫉妬という漢字はどちらも女編だ。嫉妬と言えば女と想像しがちだが、実際には男の嫉妬のほうがえげつなくて、バカバカしくて、醜い。「うわ、こんなことするのか！」と思うようなことを平気でやる。陰湿なのはどちらかといえば男のほうだ。

さらには、男性でもメイクしたり、女言葉を使う時代だ。もう男らしさとか女らしさにこだわったり、そこにアイデンティティを求めると苦しくなるだけではなかろうか。

最近、どピンク色のふんわりしたワンピースや赤いスカートを買ってみた。私が思春期の頃に、恥ずかしいと敬遠していた色だ。自分では意外と悪くないなと思った。でも、その服を着た私に、知人や友人は違和感を覚えたようだ。

「なんかイメージが違う」

やっぱり、長年私が築いてきたパブリックイメージとは異なるようだ。でも、それはオンナ性の強弱や有無ではなく、視覚の惰性による違和感なのだ。見慣れないからイメージが違うだけ。これからも実験的に赤やピンクを着てみよう。フリフリにも挑戦してみよう。

いた。

子供を産んだら面白かっただろうか

最初の結婚が24歳の時だったので、同級生の中でも早いほうだった。友達はみな驚いていた。

「え？　まさか、あの潮が結婚?!」

思春期で私が築き上げたイメージからすると、結婚は限りなく遅いか、一生しないと思われていたようだ。これはこれで面白いからよしとしよう。そして、離婚を複数回経験したというのも、今となってはネタなので、しめしめ、である。

さらに、子供をたくさん産めていたら、それはそれで面白かっただろうなと思う。予想を裏切る、イメージを覆す、思てたんとちゃう、が理想形。でもそんなことのために子供を産んだら、子供も気の毒だ。そして、私の中でも残念ながら想像できない。

そもそも、子供がいることを想像できない。猫がいることは想像できても、自分の傍らに子供がいる姿は、どうひねっても頭の中に浮かんでこない。

セルフイメージは大切だ。なりたい自分になるために、女性たちは結構イメトレを繰り返していると聞く。今はまだ太っていて着られないが、いつか痩せたら着るための細身の服を飾っておいたり、なりたい女性の写真を壁に貼っておいたり。

実は私も箇条書きの目標を、壁に貼りつけていたことがある。最初の離婚をした直後、こうなりたい！　と書きつけてみたのだ。そこに書いたのは、

「年収１０００万！　１００平米のマンションに住む！　１００人友達をつくる！」

だった。直後ではなかったが、年収は数年後に１回だけ目標達成できた。１００平米ではなかったが、マンションは買った。１００人の友達は当時できたが、今でもつながっている人は数人だ。完璧って世の中にはほとんどないんだよね。

この時、結婚するとか子供が欲しいとか書かなかった。イメージできなかったし、そうなりたいと願っていなかったからだ。こんなに自分の欲望の着地点がハッキリわかっているのに、想定外の「子供欲しい病にかかってしまった」というのは、実に面白い。

子供ができなかったから、踏ん切りをつけるために強がっていると思われるかもしれない。強がっている時期は確かにあった。でも、掘り起こして振り返ってみると、本当に子供が欲しいとは思っていなかったとわかる。自分で書いておきながら、じわじわと肌で感じている。

同じように不妊治療を体験した人でも、私に共感してくれる女性は少ないかもしれない。不妊治療で失うものや得るものは、人それぞれ。経験者の代弁者になれるとも思わない。

でも、この先はそう違わない人生だと思うよ。後ろを振り返らず、前向きに子供がいない人生を謳歌して、年をとっても今がいちばん楽しいと言える、明るいババアになろうで

はないか。

寛容な親目線

テレビのニュースを観ていると、つい疑う癖がついた。このニュースははたして真実なのだろうか、と。テレビというのは、オンエアするまでに実にさまざまな関門がある。その関門をくぐり抜け、精査されたことだけが情報となって流れているのだから、事実であることは間違いない。でも、それが真実であるとは限らない。

たとえば、親が子供を殺した事件。まあ、殺人事件の半数以上は家族内や身内で起きているのだけれど、ニュースで報じられる情報が真実かどうかまではわからない。

「親が我が子を殺《あや》めるなんて……信じられない」と思わせるようなニュースでも、内情は違うかもしれない。人間性のかけらもない、この先生きていても、人様に迷惑をかけるだけの子供を、親が責任をもって命を絶った、という背景があるかもしれない。

逆に子供が親を殺した事件。一方向だけから聞くと、「親を殺すなんて、鬼畜だわ」と思うかもしれない。でも、その陰には介護疲労があったのではないか、想像を絶する人格否定や親子不和があったのではないか、と想像してしまう。

さらには、夫婦間殺人事件も、殺された夫は妻に対して卑劣な暴力を振るい続けたのではないかと思ったり、殺された妻には夫が精神的に苦しめられてきたのではないかと思いを寄せてみたり。

私は、被害者・加害者関係なく、なんとなく子供サイドや妻サイドに立って観てしまうことが多い。自分が子供であり、妻だからだ。でも、もし親という立場になっていたら、親サイドから観ることが多くなったのだろうか。

時々、私も夕方のニュース番組に出演している。といっても、報道ではなくエンタメコーナーだ。フジテレビの『みんなのニュース』という番組で、漫画家のやくみつるさんのコーナーである。やくさんがお休みの時のみ、代打として出演している。

その番組のスタッフで、お世話になっているAさんと話していて、気づいたことがある。彼は子供4人を育てた男性だ（うち3人は成人した）。いつもおおらかで寛容だなぁと思っていたら、それは「親の目線を持っている」からだった。

もちろん、彼の性格的なものも大きいが、いい意味でいいかげんなのである。口うるさくあれこれ指示するのではなく、黙って見守る姿勢が身についている。不干渉で何か起きても受け流すのが上手なのだ。それはまさに私にとっての「親そのもの」だった。

そう思った時に、私にはない「親目線」をうらやましいと感じた。でも、子供がいなくても、多角的に物ごとを観ることは可能なはずだ。小さなことに目くじらをたてず、気にせず、受け入れるように見せて、実はさらっとしれっと受け流していく。

巷に流れる情報をまんま鵜《う》呑みにするのではなく、いろいろな方向から眺めてみること。人も物ごとも。それがもしかしたら「親心」ってやつなのかな、と思った。

親の気持ちがわかるのは親になった人だけ？

「親になってみて初めて、自分の親の気持ちがわかった」

とよく聞く。子供の頃に親に反発したり、憎んだり、拒んだり。その時の親側の悲しさや落胆など考えもしない。子供のためを思って、あえての叱咤《しった》をしていたとは、想像もつかないのだ。それが、自分が親という立場になって、初めて、親の気持ちを汲みとることができるという。ああ、あの時の親はこういう気持ちだったのかと。

いい体験だとは思う。でも、これ、親になった人だけが味わうものではない。親じゃなくても、ふと思い出したり、刹那に蘇ったりして、親の心根を思い知ることだってある。

私は中学2年生の頃、母親の財布から1万円を盗んだことがある。どうしても靴が欲しかったのだ。毎月5000円のお小遣いでは到底足りない。こっそり抜きとったのだ。

翌週、母は私とコタツに入っている時に、これみよがしに家計簿を開いた。そして、

「おかしいわねぇ……1万円足りないわぁ……」

とつぶやいた。私はコタツで寝たフリをした。内心ビクビクしていた。母にバレたんじ

ゃないか、いや、でもまだ疑問形で、断定ではない。私が犯人と特定できているわけではない。でも、父はほとんど家に帰らないし、確か姉も日本にいなかった。つまり、盗むとしたら私しかいないわけだ。母がうっかりつけ間違えたと思ってくれるよう祈った。

そして、母は私を責めなかった。「あんたが盗ったんでしょ」とは言わなかったし、質問もしてこなかった。黙って家計簿をパタンと閉じて、テレビを観た。

私はその時思った。もう二度とやらない、と。盗んだ罪が咎《とが》められない。でも心の中にずっと罪悪感が残る。私の罪は1万円を盗んだことだけではなく、嘘をついたまま謝らないこと、隠していることも重なる。怒られるほうがよっぽど心がラクになるのに。罪の意識がより重くなる気がした。

母は私が自分から懺悔するのを待っていたのかもしれない。「おかしいわねぇ」とつぶやくことで、罪の意識を刺激した。それでも寝たフリした娘に対して、母は許したのだ。これでもう二度とやらないと、娘を信じたのだ。

私はあの時の母の気持ちがわかる。ホントは小心者だがプライドが人一倍高い娘に、どう言葉をかけたら最も効果的か。頭ごなしに疑って叱るのでは反発されて終わりだ。じわじわと罪の意識をもたせるには、「お前の罪を知っているぞ」と知らせること。そして1回目は許すが、2回目以降は許さないと決意した母の思いを。だって私はその通りになったのだから。母はすべて見抜いていたのだ。

母に聞いたらそんなことはすっかり忘れていたようだが、私は感謝の意を述べた。あの時責められなかったからこそ、親の気持ちを慮ることができたのだ。

主観はガラリと変わるもの

子供の頃に読んだ本を大人になってから読むと、まったく違う印象と感想をもつ。思春期にあまり深く考えずに好んで聴いていた曲の歌詞の意味を、大人になって改めて痛感する。そんな経験をしたことはないだろうか。私はたくさんある。

たとえば、ビクトル・ユゴーの『ああ無情』。子供の頃はひとりの男の涙必至の感動物語だと思っていたが、大人になってから読むと、「犯罪者の成り上がり」「天網恢恢疎《てんもうかいかいそ》にして漏らさず」など汚れた気持ちがふつふつとわき上がってくる。

あるいは、子供の頃に観ていたテレビドラマ。当時は不倫も悲哀な純愛や略奪愛として美しく描かれていたのだが、実際には不倫の意味がよくわかっていなかった。何がいけないことなのか、なんで大人はこういうことでもめるのか、と。

ＴＢＳで『誘惑』というドラマがあった。古谷一行《ふるやいっこう》と篠《しの》ひろ子が夫婦だが、古谷に近づく若くて美しい女・紺野美沙子が、あの手この手で揺さぶりをかけてくるというドラマだった。最終的には、紺野が妊娠したと古谷を脅すのだが、結局つなぎとめることはできず。

古谷は冷静沈着な妻・篠のもとへと帰っていく。

　ちなみに象徴的だったのは、紺野美沙子がシャワーを浴びているシーンだ。足元のアップで、一筋の血液が足をつたいおりてくる。それに気づいた紺野がむせび泣く。つまり、妊娠で古谷を篠から奪えると思っていたのに、生理がきてしまった。略奪計画に失敗し、夢がかなわなかったという象徴的なシーンなのだ。

　子供の頃はなんだかエロいな、紺野美沙子は悪い女なのだな、くらいにしか思っていなかったのだが、大人になってから観ると、ガラリと観方が変わる。紺野サイドに立つ自分もいる。女の業《ごう》の深さと同時に、子供ができなかったという悲壮感や落胆も滲み出る。でも篠ひろ子の正妻の不安とプライドもよくわかる。多くを語らずとも、じわじわとしみ込んでくるものがある。それは、不倫の虚しさや想像妊娠を実際に経験したことに加えて、年齢を重ねて、少しはいろいろな立場に立って物事を観られるようになったからだと思う。

　どちらかといえば、テレビ黄金期は勧善懲悪がベースで、善悪がハッキリとわかりやすかった。子供の頃は単純に善悪だけで物事を判断していたよね。だからこそテレビを楽しめていたのかもしれない。今は、裏側を読む時代。裏を読みすぎて1周回って表へ、という時代でもある。たぶん子供を産めなくても、親の気持ちはわかるし、人の気持ちも多少はわかるようになる。わかるというよりは感じる、程度かな。立っている位置をちょっとずらすだけで、光が当たっていない部分も見ることができる。

そして、10年後はもっと変われる。いや、もしかしたら1年後には変わっているかもしれない。過去の自分を否定しないで、積み重ねてきたおかげで今がある、と思えば、イヤな気持ちもそう長く続かなくなるよ。

親になれなくてもできること、子供がいてもできること

子供を産めなかった人、親になれなかった人でも、不可能を嘆くのではなく、可能性を楽しめるようになるといい。たとえば、子育て体験にこだわるのであれば、子供にかかわるボランティア活動にチャレンジするのもよいと思う。

不妊治療をやったけれど結局できなかった、という話をしたら、漫画家のやくみつるさんが教えてくれたのが「プラン・インターナショナル」だ。さまざまな寄付のスタイルがあるが、やくさんが実践されているのが「プラン・スポンサーシップ」。月々3000〜5000円で、支援が必要な子供たちをサポートするというものだが、子供たちとの手紙や写真の交流もできるそう。さらには、その子供たちが暮らしている国を訪問して、直接会うこともできるんだって。支援は子供が18歳になるまでだが、その後も交流できると言う。やくさんも、実際に支援した子供たちが大人になっていく姿を見守ったそう。

私も家のローンを完済して、余裕が生まれたら支援を考えてみようと思った。まずは自

分の借金を返さないとね。

逆に、母になった女性たちも、子供がいてもできることをどんどんチャレンジするべきだと思う。「子供がいる母親がそんなことをして」という主語が世間の中傷はほっといて。母としてやるんじゃなくて、ひとりの人間として、やりたいことやできることはあるはず。

日本ではシッターを使うと、やんわりバッシングされるんだってね。シッターでもナニーでもうまく使って、自分の時間を確保してみたらどうだろうか。お金がかかることではあるけれど、月に一度でも、子育てから離れる時間を作ってみると、いいんじゃないかな。

猫と子供を一緒にするな、と言われそうだが、あえて書く。私は旅行が好きなので、しばらく旅に出ていないとむずむずする。1泊の近場の温泉旅行はがんがん行くし、海外へ行く場合は1週間分の仕事をすべて事前に片づけてから行く。

その際、猫はどうするかというと、キャットシッターとして信頼できる友人に、家の鍵を渡すのだ。近所に住んでいる友人・マサキは、もう10年来の付き合いで、弟のような存在だ。彼に依頼して、猫のトイレ掃除と食事を任せる。気性の荒い猫なので、最初はマサキもビクビクしていたようだが、最近ではブラッシングまでできるようになったと自慢する。わずかだがお礼を渡して、あとは自由に過ごしてくれ、と頼むのだ。冷蔵庫の中の食べものを食べようと、風呂に入ろうと、パソコンでアマゾンプライムを観ようと、彼の自由。猫の世話だけきっちりやってくれれば、御の字だ。彼が引越しをしたり、都合が合わない時は、同じマンションの鍼灸師の先生に預けようと思っている。

近所に信頼できる友人がいると、本当に助かるよ。子供の場合はそう簡単にはいかないかもしれないけれど、たまには夫に任せて、羽を伸ばしてみたらどうか。罪悪感を抱かないよう、こまめに夫に任せて、馴らしていけば大丈夫だと思うんだけど、どうかしら。

浅香光代か内海桂子師匠

あれから幾星霜《いくせいそう》……45歳にもなると、親はボケ始めるわ、生理は月に2回もくるわ、ひざが痛いわで、否が応でも「老い」を目の当たりにし始める。もし、あの時産めていたら子供は6歳かぁ……なんてことは一切考えない。目の前の老いで精一杯。

エネルギーも時間も、すべて仕事だけに費やせる自由、自分のことだけ考えていればいい生活。子供がいたら課されるであろう枷《かせ》もないが、子供がいたら得られるであろう豊かな糧もない。でも、プラマイゼロもいいじゃないかと。

私は子供がいなくても自分が主語の人生をいかに楽しむか、だと思うようにした。もちろん、子供ができなかった悔しさや己の不全感のようなものはゼロではなく、心の奥底に汚泥のようにこびりついていたりもする。

「子育てしたことがない人にはわからないわよ」と妙にマウンティングするような人の話

を聞くと、心の中で舌打ちすることだってある。でも、「わからないから、胸を張ってその苦労話を面白おかしいネタとして教えてちょうだい！」と思うようになった。逆に、

「子供がいなくても、あたしゃ人生楽しいよ〜」

と浅香光代の口調で応えようじゃないか。内海《うつみ》桂子師匠でもいいけれど。

母になった友達たちはみんな、子育ての苦労を面白く話してくれる。子供という生き物のバカさ加減、不甲斐ない夫への呪詛、面倒くさい義理家族の妄挙など、昼ドラレベルにネタてんこもりなのだ。うわあ、イヤだなぁと思うこともあれば、へえ、それはうらやましいなぁと思うこともある。

まずは産んだ人と産んでいない人を比べるのをやめることだね。産もうが産むまいが、人生の選択肢を自分で決めてきたかどうか。自分を卑下したり、人のせいにしたり、他罰に走ったりしないで、今を楽しめているかどうか。そこが重要なのだと思う。

だから、「産まない人生をお勧めします！　あなたも産むな！」ではないことをわかってほしい。「私自身は産まない人生を選んでよかったよ」と言いたいだけ。これは私の人生であって、他人の人生はどうなろうと私には関係ない。でも、自分が決めたことはわりと後悔しないけれど、他人が決めると後悔することが多いから、気をつけて！

ともあれ、子供をもてなかった人が自分を欠陥品のように思わないこと。

子供を産んだ人が「子供を産んでいなければ今頃……」と後悔しないこと。最終的にはみんな同じように年をとって、ガハハハと笑いながら、尿漏れパッドをつけて、あちこちへ嬉々としてつるんで出かけてゆくおばあさんになるんだよね。

子供がいる・いないでちょっとした壁ができるのも若いうちだけ。年とったら仲よく長生きしていくのだと思いたい。

因果応報なんてないから

今の世の中、責任の所在をハッキリさせる風潮が強い。誰が悪いのか、とことんまで突き詰める、追いかける、叩きまくる。不妊治療を頑張っている女性にはキツイ。そもそも不妊の原因は男女イーブン、女性だけが問題ではないのだが、どうしても責任を背負わされる傾向がある。いや、自ら背負い込む、かな。

本当はそうじゃないとわかっていながらも、子供を産めないのは自分のせいだ、と思い込んでしまう時もある。私もそうだった。ちょっと視野狭窄だった頃の私の思いを綴っておきたい。

受精卵が育たなければ、こう言っちゃなんだけど、精子のせいにもできる。受精卵ができた段階で、あとは腹の中で育む性である自分の責任だと思い込んでしまっていた。妊娠したらもう私の責任だと。

不育症というのもあると聞いた。妊娠はするものの、受精卵がなかなか育たないという状態だ。最初の体外受精がうまくいかなかったとき、どこかで自分を責め始めるスイッチが入ったのかもしれない。

もちろん、女だけの責任ではない。これは単純な生体反応の問題であり、運である。責任を感じて自分を責める必要はない。ないはずなのに、スイッチが入る。私は、スイッチが入ったけれど、その後、いろいろと考える機会をもらって、すっとOFFにできた。

不妊治療を頑張って続けている人、あきらめた人、スイッチをOFFにできたかなぁ。ただでさえ心が大変なのだから、せめてこのスイッチを入れないよう、省エネでいってほしいと思っている。

ついでに言えば、日本人は「因果応報」が大好きだ。

「あの時私が○○していれば」

「あの時私が××していなければ……」

と過去の振る舞いや生きざまに原因を求めて、自分を責める・恥じる・背負い込む。

因果応報ってね、もともとは仏教を広めるための惹句、つまり宣伝文句なんだって。悪い行いをすると地獄に落ちるよ、だから念仏を唱えて、仏の御心にお許しいただきましょう、ってやつだ。すべての行動が未来につながっていると脅すことで、仏教を広めたかったわけね。仏教は素晴らしい宗教だけれど、因果応報で脅迫して信心を煽るというのはいただけない。それを知って、妙にスッキリした記憶がある。

たとえば病気になった人の中には、自分の行いが悪かったからだ、と自責の念に駆られる人もいる。ハッキリ言って、関係ないから。乱れた生活で生活習慣病になるというのはある程度因果関係があるだろうけれど、それ以外は仏も神も医者もわからないから。過去を振り返っても病気は治らないし。

前だけ向くようにしましょうよ。

エネルギー値が高い人・低い人

「今、30歳なんですけど、妊活したほうがいいのかなぁ」

「結婚して3年経つんだけど、不妊治療をやったほうがいい?」

もちろん、私たちメスが背負っている生物学的な限界を考えると、早く着手したほうがいいとは思う。でも、それを決めるのは本人であって、この質問にはちょっとした迷いも感じられる。周囲が、世間が、あるいは夫が主語で、自分が主語じゃない場合は、しなくてもいいんじゃない? と思っている。

さらには、妊娠と出産は莫大なエネルギーが必要だ。さらにその後の子育てを考えると、本当にエネルギー値が有り余っている人向けだと思われる。身体的なエネルギーももちろんだけれど、精神的なエネルギーに自信がないのなら、無理に頑張らなくてもいいのではないか。自分のエネルギー値に合った人生設計でよいのではないか。

私自身、エネルギー値は決して低くないほうだ。体力にはそれなりに自信があるし、瞬発力と集中力もそこそこあるほうだと思う。ただし、致命的に持久力と忍耐力がない。特に「形勢不利な立場からの逆転劇」を虎視眈々と狙うほどの根性がない。ドラマ「日曜劇場」（ＴＢＳ）のようにはいかないんだよ。

ダメだと思ったらあきらめる。いらないと思ったらすぐ捨てる。無駄なエネルギーを使わずに済むし、ほかのことに使える。負の感情をため込まないこと。イヤだなぁと思ったら全速力で逃げる。

常に上を目指している「意識高い系」の人は、すごいなぁと思う。

嫁として家族を支え、妻としての矜持を忘れず、母としても頑張り、仕事のうえでも手を抜かず、地域活動に貢献もして……って、そんな人、この世にひとりもいないから。うん、断言するよ。ネット上で、テレビの画面で、そんなふうに見える人は、ハッキリ言って虚像だ。そうありたいという欲望を固めて作り出したファンタジーなのだ。

エネルギー値がそんなに高くない人は、無理しなくていいし、背伸びもしなくていい。それよりも「そこそこ楽しい」「そこそこ幸せ」の回数を増やしていくほうが健全かつ安全だと思う。世間の多数派に乗っからないと、人生損をする、と思っている人が減ってくるといいよね。人には人の乳酸菌、人には人のエネルギー値。足並み揃える必要性なんてどこにもないのだから。

エネルギー値が低くても、ちょっと頑張ってみようかなと思っている女性には、小さくこぶしを握ってエールを送りたい。あくまで小さくさりげなく。

そして、不妊治療を始めようと思っている女性には、

「結果がどうであれ、知らなかった、あるいは封印していた自分を知ることもできるよ」

と教えてあげたい。

私がそうだったから。

記憶から消していた「チクッと話」

友達に私のチクッと話を打ち明けた。家族連れを見ると、下腹部にチクッとハンコが押される話だ。自分の狭量を吐露するのも恥ずかしいなと思ったのだが、彼女からは意外な言葉が飛び出した。

「私だって、元カレに子供ができた時、素直におめでとうと言えなかったよ」

彼女は若い頃、長年付き合っていた彼氏がいた。ほぼほぼ結婚するだろうと周囲も思っ

ていた。ところが、人生を歩く速度が異なり、円満に別れることになった。同じ職場なので、先輩後輩の関係に戻ったという。その数年後、元カレは結婚して子供ができた。

「みんなが祝福している時に、私はどうしても言えなかったんだよね、おめでとうのひと言が。結局言えずじまいで。自分の器の小ささが恥ずかしいけど、そういう話はいくらでもあると思う。ただみんな言わないだけで」

彼女の言葉でふと思い出した。元夫のことである。離婚後もしばらくはメールでやりとりをしていたし、年始に我が家へ遊びにきて、一緒に過ごしたこともある。私の浮気が原因で別れたわりに、彼は大人対応をしてくれた。

が、離婚して2年経つか経たないかという時に、彼は再婚した。そして、子供ができたと言っていた。彼との最後のメールのやりとりは、

「娘の夜泣きが大変なんだよ〜」

という文言だったと思う。確か、私は「父ちゃん、頑張れ！」と返信して、彼のアドレスを携帯電話から消した記憶がある。それ以降、連絡はとっていない。もう10年以上前のことだ。

あの時、私はチクッとしたはずだ。はずなのに、記憶から消し去っていた。

「あっという間に再婚しやがって、しかも子供までできて。さては相当若い女が嫁になったんだな？　コンチキショー」

と思ったのだ。不特定多数と浮気した女がどの口で言うかっつう話ではあるのだけれど。

でも、決して恋愛上手ではなく、むしろ男女関係に消極的な元夫が離婚後、思いのほかすぐ再婚できたことに小さな疑念をもった。あれ？ もしかして以前から関係があったのかしら？ 私が知っている、あの女の子かしら？ 私が浮気して慰謝料払って離婚したけれど、案外、彼にとっては好都合だったのではないかしら？ 渡りに船だったんじゃないかしら？ 黒い疑念がモヤモヤと広がった。

でも、私は今の夫とすでに付き合っていて、元夫の行く末など気にしている場合ではなかったし、チクッと刺さったことを言葉にするのが恥だと思ったのかもしれない。まだ30代前半で、子供が欲しいと思っていなかったときだったから、受け流せたのだろう。

今となっては針供養みたいなものだ。心のコンニャクに刺さった針は錆《さ》び始めている。

猫も杓子も

父もさることながら、我が愛猫も最近ちょっとボケ始めている。1999年生まれなので、もう18歳。人間で言えば80歳くらいか。

まるで虐待されているような大声で鳴きまくり、狭い部屋のあちこちを徘徊し、私の足にまとわりつく。眠りが浅く、ふっと起きると大声で鳴き出す。時折、ご機嫌ななめで、私の足や指に思いっきり噛みつく。彼女に噛まれると、いくら消毒しても必ず2倍以上に腫れあがる。毒牙。以前は年に1回くらいしか噛まれていなかったのだが、今年に入ってもう2回噛まれた。噛み跡を見たらぽっかり穴が空いて、白い部分が見えた。骨ではないけれど、その手前の組織である。激痛。ただし、噛まれたら噛み返すことにしている。首根っこをガブッと。口の中は毛だらけになるが。

先日は、私の枕元に立派な1本グソがひり出してあった。その長さ18センチ。寝ぼけていたのかトイレの場所を間違えたらしい。18年で初めての粗相。踏まなくてよかった。

でも、冬は一緒に布団に入って寝る。私の足と足の間にもぐりこんでくる。私としては、腕枕をして顔を見ながら一緒に寝たいのだが、上半身には来てくれない。必ず、私の股ぐらで、しかも毛布と布団の間に入ってくる。おかげで私は冬の間、肩と腰の調子が悪い。

毎朝ブラッシングを要求され、豚毛ブラシで数分間撫で続ける。毎朝両手いっぱいの毛玉がとれるのだが、おなかだけは決して触らせない。爪も切らせてもらえない。客人に対して愛想もまったくない。

だからこそ、猫が好きだ。

「主語が自分」の猫だからこそ愛おしいと思う。

何があっても彼女だけは守りたい。私の体の一部のようなもので、これはもしや母が子供に対する思いと同じ感覚なのかと思ったりする。ごめんなさい、猫と一緒にして。

子供の場合は巣立っていくが、猫は巣立たない。家の中で私という下僕を頼りながら、一生を過ごす。この凶暴なお姫様に、できるだけストレスをかけたくない。

こんなにワガママで凶暴な猫は、あまりいないと思う。ほかの家の猫たちを観に行くことも多いのだが、これほどの暴君はそういない。みな、可愛くておとなしくて穏やかだ。

私の育て方がよくなかったのだろうか。正直、子供だったら、と思うとぞっとする。猫でよかった。それでも溺愛するのだから、もし私が親になっていたら、自分の子供に甘すぎる相当なバカ親になっていたと思われる。

ちなみに我が夫に対しては、もっと蔑んだ目を送る。そして、鳴き声の種類が異なる。私には「ニャー」と鳴くが、夫に対してはなぜか「ブー」と鳴く。ほかの人も「ブー」は聞いたことがない。この世でただひとり、夫だけに「ブー」なのだ。信頼の証なのか、最下層の下僕にはニャーと鳴くのももったいないと思っているのか。不思議だ。

彼女が天寿をまっとうするまで、私はこの下僕生活を続ける。

チャーミーグリーンが理想形

私には甥や姪がいない。姉も産まない人生なので、ついぞおばさんにはなれなかった。友人たちからは甥っ子や姪っ子が可愛いという話をよく聞く。特に、姉や妹が産んでいると、おばとしての矜持も強くなるようだ。直接関係がないからこそ愛情を注げるという。疑似子育てを楽しんでいるようで、ちょっとうらやましい。中学生の甥っ子が致命的にダサイから、洋服やバッグを買ってあげたとかね。

夫には、甥っ子と姪っ子が、合わせて6人いる。そのうちひとりには子供も産まれた。つまり、義父と義母はひ孫も生まれて、ひいおじいちゃんとひいおばあちゃんになったのだ。すごいなぁ。ひ孫って私の周りではなかなか聞かない言葉なのだが、夫の家系はきっちり次世代へとつないでくれている。それが何よりもありがたい。

逆に、私のおばたちはどう思ってくれているのかな。ひとり、母の妹でいちばんしっかり者のT子さんは、私がテレビに出たり、新聞で執筆していることを喜んでくれている。『東京新聞』でコラム執筆の連載が決まった時、わざわざ『東京新聞』の購読を始めてくれた。テレビも欠かさず観てくれているようだ。むしろ、母よりも熱烈に応援してくれている。

T子さんは独身貴族を貫いた人だ。私が子供の頃はイケイケOLで、海外旅行に行ったり、素敵な洋服を着ていて、とてもカッコよかった。私も、T子さんのように、よく働いてよく遊ぶ女になりたいと思っていた。遊びに行っても決して子供扱いせず、ひとりの人間として扱ってくれたことを思い出す。祖母と一緒に暮らし続け、祖母の最期を看取ってくれた人だ。恩返しはできていないが、見守ってくれていることが嬉しいし、心強い。今度会った時には、産まない人生を選択したT子さんにも話を聞いてみようと思っている。

夫と夫の両親には、継承できなくてすまないという気持ちがあるけれど、私は私と彼が幸せになれるよう鋭意努力する。今は離れて暮らしているけれど、将来ふたりで笑って過ごせるようにしたい。先日、夫とスカイプで話をしていたら、ポロリとひと言。

「夜寝る時に、ああ、ひとりで寂しいなぁって突然思ったんだよね」

なんて素直！　可愛いじゃねーか、コノヤロー。

この先何が起こるかはまったくわからないけれど、理想の形はある。

一緒に居酒屋へ行って、ほろ酔いで手をつないで帰ってくる。夫の分厚くて温かい手を離さないよう。昔、チャーミーグリーンという台所用洗剤のCMで、おじいちゃんとおばあちゃんが手をつないでいるシーンがあった。あれが私の理想形だ。コンビニに立ち寄って、無駄にアイスやチョコを買って帰る。それを食べて寝てしまった夫の口に、歯ブラシを突っ込む。その繰り返し。それが幸せだ。

過去を否定しても始まらない。人をうらやんでも始まらない。小さな幸せを手にする喜びを味わう。それでいいと思っている。

おわりに

この本を書くことになったそもそものきっかけを記しておきます（ちょっと長いよ）。

インターネットテレビ局のＡｂｅｍａＴＶで、「Ｗの悲喜劇〜日本一過激なオンナのニュース〜」という番組があります。民放地上波でもサッパリした物言いと地頭のよさで人気のＳＨＥＬＬＹさんがＭＣで、女性向けのトーク番組です。この番組の立ち上げにかかわった「弁護士ドットコム」の山口紗貴子が、声をかけてくれたことがすべての始まりでした。

山口紗貴子は本文中にも何度か登場する親友のひとりで、彼女との付き合いはもうかれこれ10年以上。直木賞作家の故・坂東眞砂子さんが引き合わせてくれて、意気投合して仲よくなった友達です。彼女は私より８歳も年下なのに、いつも私の人生の先達でいてくれます。

その彼女から、番組の初回に「不妊治療破産」を取り上げるので、経験しているひとりとして、出演してもらえないかと打診がきました。嬉しいオファー、そりゃもちろん快諾ですよ！　ちなみに、この回はAbemaTVオンデマンドで、しばらくは視聴できるそうです。ぜひ。

　そこで、同じく番組の立ち上げにかかわった「WOTOPI《ウートピ》」の編集長・鈴木円香さんと知り合い、

「産む・産まないというテーマで、うちで原稿を書いてみませんか？」

　と声をかけていただきました。

　そして、ここが大事！　そのウートピの原稿を何の因果か、うっかり読んでしまったKKベストセラーズの編集・山﨑実さんが、

「このテーマで本を書いてみませんか？　女性が自分を肯定できる、ポジティブな本にしたいんです！」

　と熱い思いを真摯に語ってくれたことで、この企画が成立したわけです。

　しかも、山﨑さんが昔、漫画家・安彦麻理絵の担当編集者だったというご縁もあり、彼女にこの本のイラストを描いてもらうことになりました。ご存じの通り、麻理絵は私の飲み友達であり、ご近所友達でもあります。また、山﨑さんと数々の名著を作っているデザイナーのこじまさきさんとも、一緒にお仕事ができました。

　そして、アラサー女の視点を生かすべく編集に協力してくれたのが、フリー編集者で、

もともと友達だった須田奈津妃。山﨑さんの深く読み取って優しく受けとめてくれるおおらかさと、須田の冷静かつ端的な指摘のおかげで、産声を上げた、というわけです。

なんというか……わらしべ長者かよ！

ややこしいようでいて、実はみんなつながっているという典型です。本当に感謝すべきは友達です。人と人をつないでくれる人が私の周りにはたくさんいてくれまして、このような形で実現したわけですな。

この「わらしべ長者」システムを構築して紡いでくれたみなさまに心から感謝します。そして、取材させてくれた友人・知人・恩人にも改めてお礼を申し上げます。
あ、親と姉と夫にも。サンキュー（この程度でいい）。

私の周りには、「産まない人生を選択した」人が意外と多いのです。女性だけでなく、男性も「子供をもたない人生」を選んだ人が多い。でも、子供のいない人生は、あまり大声で語られていないせいか、「そういう本ってあんまりないよねー」と珍しがってくれました。

ということで、書店ご担当様、女性エッセイコーナーで、あるいは不妊治療本コーナーで、あるいは家族を見直す特集コーナーで、ぜひ「珍味」として、ありとあらゆる場所に置いていただければ幸いです。

最後に、この本を手に取って、買って、読んでくださった方へ。本当にありがとうございます。よかった・笑った・面白かったと思っていただける方も、なんじゃこりゃ・ふざけんなと思った方も、ぜひご意見を頂戴できればうれしいです！　実は、ツイッター専用アカウントも作ってもらいました。

産まないことは「逃げ」ですか？　＠umanige0825　です。

ここに、賛否両論いろいろなご意見が集まることで、いろいろな考え方の人がいるのだなぁと観られるようになれば面白いかなと思っています。

愛称は「うまにげ」。ドラマ「逃げ恥」（『逃げるは恥だが役に立つ』）や「あなそれ」（『あなたのことはそれほど』）のように、「うまにげ」という言葉がジワジワと広がることを祈ります。

２０１７年８月

吉田　潮

吉田潮（よしだ・うしお）

1972年生まれ。おひつじ座のB型。千葉県船橋市出身。ライター兼絵描き。
法政大学法学部政治学科卒業後、
編集プロダクション勤務を経て、2001年よりフリーランスに。
医療、健康、下ネタ、テレビ、社会全般など幅広く執筆。
テレビ『新・フジテレビ批評』、『みんなのニュース』（ともにフジテレビ）の
コメンテーターなどもたまに務める。
2010年4月より『週刊新潮』にて「TVふうーん録」の連載開始（現在8年目）。
2016年9月より『東京新聞』放送芸能欄のコラム「風向計」の連載開始。
2017年6月よりアラサー女性応援サイト『WOTOPI（ウートピ）』で
「産むも人生 産まないも人生」を連載中。
http://wotopi.jp/archives/cat_summary/umuumanaijinsei
著書に『幸せな離婚』（生活文化出版）、『TV大人の視聴』（講談社）ほか多数。
本書でも登場する姉は、イラストレーターの地獄カレー。
公式サイト『吉田潮.com』
http://yoshida-ushio.com/

産《う》まないことは「逃《に》げ」ですか？

2017年9月5日　初版第1刷発行

著者　吉田《よしだ》潮《うしお》
発行者　栗原武夫
発行所　KKベストセラーズ
〒170-8457 東京都豊島区南大塚2-29-7
TEL 03-5976-9121（代表）
http://www.kk-bestsellers.com/
カバー・本文イラスト　安彦麻理絵
カバー・本文デザイン　こじままさき for bodydouble inc.
印刷所　近代美術株式会社
製本所　ナショナル製本協同組合
DTP　株式会社三協美術

JASRAC 出 1708925-701

ISBN 978-4-584-13808-3　C0095